「ラトリエ モトゾー」シェフの
やさしく教える
イタリア菓子のきほん

藤田統三
Fujita Motozo

世界文化社

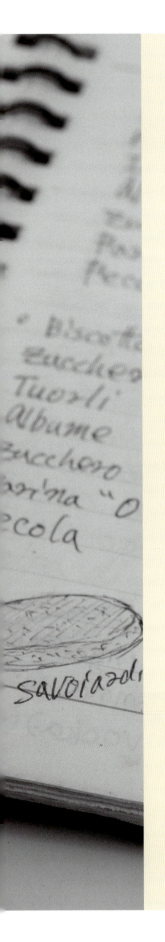

はじめに

　私が日本のイタリア料理店で修業していた当時（1993年頃）は、イタリア菓子（Dolce ドルチェ）のレシピ本はほとんどありませんでした。イタリア料理の本の最後の付け足しにいくつか紹介されている程度で、見たことも、当然食べたこともない。なので、シェフに教わったり、シェフが修業先のレストランで学んだものを口頭で聞き、私が再現するといった形でドルチェを作っていました。「これが本当にイタリア菓子なんだろうか……」と不安を抱きながら。その後幾つかのお店を経たのち、初めてイタリア人パティシエの下で働く機会がありました。そのシェフはホテルや客船のレストランに勤めていたそうで、彼の作るティラミスやトルタ・ディ・リコッタは初めて食べるおいしさで、感動したのを覚えています。

➤ 素朴で、おいしく、そして食べ飽きない

　そしてイタリア現地で料理とお菓子を学ぶチャンスが訪れるのですが、私の中には洋菓子と言えば「フランス→日本→ヨーロッパのどこかの国→、→、→イタリア」の順位でおいしさが決まっていると思っていました。ところがイタリアの修業先で味見させてもらったルビーグレープフルーツのジェラートの飛び抜けたうまさに、素直に驚きを感じ、気がつくと笑いが溢れていました。そしてイタリア菓子を「茶色いシンプルな菓子」と少し決めつけていた私を、連れて行ってくれたのが郊外にあるシェフの友人のパスティッチェリーア（菓子店）。そこで先述の順位が見事に逆転しました。

➤ フランス菓子とは異なるおいしさ

　なかには当然フランス菓子が勝っているなと感じるものもあります。バターをたっぷり使ったリッチな配合のお菓子などは特に。イタリアは酪農大国ではないので、北部以外は平野部が少なく、良質なバターの生産量は少なめです。代わりに素晴らしいオリーブオイルが各地にあります。今回は紹介できませんでしたが、オリーブオイルたっぷりのヘルシーでおいしいお菓子にも産地に行くと出合えますよ。地産地消を大切にする、わが町一番の国ですから。だからバター不足の時でも困りません。元々バターをたくさん使うお菓子なんて古くから存在しないんです。北部の

お菓子たちは近隣諸国の影響を受け、バターのおいしさを必要としますが、本書でも紹介している、ビスコッティの代表でもあるカントゥッチなどは、バターの必要はなし。「粉」と「ナッツ」のおいしさがあれば、もうそれだけで充分なのです。

➤ 大好きな小麦文化

　昔から今に至るまで、イタリア料理は小麦粉、いわゆる「粉モノ」が主役です。ロングパスタにショートパスタ、手打ち麺にニョッキ、ピッツァもそうです。そこにパンまで食べるのですから、粉モノのオンパレード。締めのデザートはと言うと、食べるんですよね、粉モノを。クリスマスだったらパネットーネ、カーニバルでは揚げ菓子、復活祭でも大麦のタルトなど、イタリア人の粉モノ好きには脱帽です。ですから、この本でも本当においしいバリエーション豊かな粉モノのお菓子を選んで、紹介しました。もちろんそれ以外のパンナコッタ、セミフレッド、グラニータなどもおすすめです。

➤ さぁ、ページをめくって

　イタリア菓子の魅力について、お伝えしたいことはまだまだたくさんありますが、簡単そうだなと思うものからでいいので、とにかく触れて作って食べてみてください。「あぁ、こんなにおいしいんだ！」と感じますから。でも、ちょっとコツが必要なところや注意点などは記載しましたので、必ず読んでから始めてください。

　なお、この本の出版にあたり、本当に多くの方々の数えきれないほどの支えとお心づかい、お時間、そして材料をご提供いただき、誠にありがとうございました。

　そして、今この本を手に取って読んでくださっている読者の方々へ。皆様に言い尽くせないほどの感謝の気持ちを、ここに記します。

L'atelier MOTOZO

藤田 統三

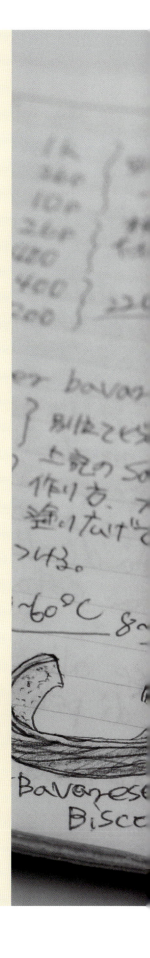

イタリア菓子を楽しむために知っておきたいこと

シンプルで素朴な地方菓子の集まり

イタリア料理は「地方料理の集合体」と言われますが、イタリア菓子も同じ。それぞれの土地の歴史、風土、特産物が生み出した多様な郷土菓子が、今に息づいています。メジャーになり全土に広がったものもありますが、いまだにその土地でなければ味わえないものがたくさんあります。総じて作りはシンプルで素朴。それだけに粉、ナッツ、フルーツ、チーズなど素材の味の力強さが際立つのがイタリア菓子。食べ飽きず、強く心に残る愛すべき菓子たちです。

粉のおいしさを味わうための「塩」

イタリア菓子は塩味をやや強めにきかせることも特徴です。おもにタルト、シュー、折りパイなどのベースになる粉生地で、塩味を強めることで粉のおいしさに深みと力強さを出し、組み合わせたクリームなどの甘みを引き立てます。本書では、小麦粉の大半を「中力粉」に指定していますが、それはイタリアで菓子作りに使う小麦粉「タイプ00」の成分組成が中力粉にいちばん近いから。本場の粉生地のおいしさを再現するキーワードが、塩と中力粉です。

片栗粉、とうもろこし粉、ラード、マーガリンなど多彩な材料を使う

洋菓子の基本材料は小麦粉、バター、砂糖、卵ですが、イタリア菓子はこれにとどまりません。片栗粉にあたるじゃがいもでんぷんはスポンジやバターケーキ系の生地で小麦粉と同様に使い、軽さや柔らかな口どけを楽しみます。とうもろこし粉はポレンタ文化の延長であり、ラードもバターが広まる以前から身近な油脂として菓子にも利用されてきました。多彩な材料使いがイタリア菓子の個性を形作っています。

しけらせて食べる、シロップをたっぷり打つ……新しい食感の魅力

カリカリ、サクサクに焼き上げたビスコッティは、そのまま楽しむのが一般的ですが、なかには「カントゥッチ」のように、硬く焼いたものを甘口ワインに浸し、しけらせて食べるのが伝統のお菓子も。また、スポンジ生地やティラミスなどに使うサヴォイアルディには、したたるほどのたっぷりのシロップをしみ込ませるのが王道。食感の表現ひとつとっても、イタリアならではの独特の世界があります。

✦ 目次 ✦

はじめに ── 2

イタリア菓子を楽しむために
　知っておきたいこと ── 4

この本の使い方 ── 8

Capitolo
1
クッキー&小菓子 ─ 9

バーチ・ディ・ダーマ ── 10

オッキ・ディ・ブーエ ── 14

マルゲリティーネ・ディ・ストレーザ ── 18

アマレッティ ── 22

ブルッティ・マ・ブオーニ ── 26

サラーメ・ディ・チョッコラート ── 30

カントゥッチ ── 34

【カントゥッチのバリエーションは無限大!】

チョコレート風味のカントゥッチ ── 38

レーズン入りカントゥッチ ── 38

【ビスコッティは楽しい】 ── 39

カネストレッリ ── 40

リングエ・ディ・ガット ── 41

クルミーリ ── 42

Capitolo 2

タルト&ケーキ&シュー — 43

クロスタータ・ディ・マルメッラータ — 44

〔基本の生地〕パスタ・フロッラ — 48

トルタ・ディ・リコッタ — 50

トルタ・サッビオーサ — 54

トルタ・ズブリゾローナ — 58

プラムケーク・クラッシコ — 62

アモール・ポレンタ — 66

プロフィテロール — 70

フンギ — 74

トルタ・ミモザ — 76

〔基本のクリーム〕カスタードクリーム — 81

Capitolo 3

揚げ菓子&発酵菓子 — 83

ストゥルッフォリ — 84

ゼッポレ — 88

キヤッケレ — 92

スキアッチャータ — 96

Capitolo 4

デザート&氷菓子 — 101

パンナコッタ — 102

ティラミス — 106

〔基本のパーツ〕サヴォイアルディ — 110

グラニータ — 112
　　グレープフルーツ味
　　コーヒー味

セミフレッド — 116

〔基本のパーツ〕カラメルナッツ — 120

イタリアお菓子MAP — 121

レシピでは伝えきれなかった
　　藤田シェフの基本テクニック — 122

イタリア菓子の材料について — 124

この本の使い方

本書のレシピの使いこなし方を紹介します。お菓子を作り始める前に読んでください。

お菓子の発祥の場所を示しています。

お菓子の全体的な解説や作る時のコツ、配合のポイントなどを紹介します。

お菓子を作るための材料と分量を記しています。さらに、準備しておくこと、このお菓子を作る時に特に用意が必要な道具なども記しています。また保存期間の目安なども紹介しています。

出来上がり写真です。焼き色、生地の様子や厚さ、質感などを参考にし、これを目指して作りましょう。材料の分量と出来上がり写真の量は違うことがあります。

工程にそって作り方が書いてあり、特に大切なポイントには黄色いマーカーを引いています。作り方の下の色付きの文字は、藤田シェフからのアドバイスやコメントです。作り方には書かれていない細かなコツが載っています。

本書のレシピの決まりごと

- 特に表記がない場合も、小麦粉は使う前にふるいます。
- 計量単位は、小さじ1 = 5mℓ、大さじ1 = 15mℓ、ひとつまみは、3本の指でつまんだ量を指します。
- 電子レンジは600Wのものを使用しました。
- 本書のお菓子はすべて家庭にある、または一般に購入できる道具で作りました。また、本書のお菓子はすべて家庭用のオーブンで焼成し、その焼成温度と時間を掲載しています。オーブンは機種や性能によって差があるため、本書の数値はあくまで目安とし、焼き色などを見て焼き上がりを判断してください。

Capitolo

1

クッキー&小菓子

Biscotti

◇◇◇◇◇◇◇◇◇◇◇◇◇◇◇

イタリアでは、クッキーやビスケットなど、
小さな焼き菓子を総称してビスコッティといいます。
ここでは多彩な粉を使って作られてきた、
素朴な焼き菓子をご紹介します。

チョコクリームを挟んだひと口菓子

バーチ・ディ・ダーマ

Baci di dama

● ピエモンテ州トルトーナ

「バーチ・ディ・ダーマ」の名は、イタリア語で「貴婦人のキス」。イタリアでは小粒のクッキーを「バーチ（＝キス）」と呼びます。この菓子ではころんとしたバーチ2個を、チョコレートクリームで貼り合わせます。配合の特徴は、アーモンドパウダーと小麦粉に片栗粉を少量混ぜること。さくさくとしたおいしさに加え、焼き上がりのひび割れができにくくなります。また、生地は1個ずつ手のひらで丸めますが、手の熱により崩れやすくなるので、力を入れすぎず手早く。美しく高貴な姿に仕上げましょう。

材料（15〜20個分）

◎クッキー生地

バター（食塩不使用）……50g
粉糖……50g
塩……ひとつまみ
アーモンドパウダー*1……50g
中力粉……45g
片栗粉……5g

◎チョコレートクリーム

スイートチョコレート*2……30g
バター（食塩不使用）……5g

＊1 アーモンドパウダーはできるだけ細かい粒子のものを使う。あれば100メッシュでふるった製品。
＊2 スイートチョコレートは市販の板チョコレートでもOK。

特に用意する道具

オーブンシート、ふるい（あれば100メッシュ）、温度計

準備

● バター（生地用、クリーム用）を柔らかくする。
● オーブンを160℃に予熱する。
● 天板にオーブンシートを敷く。
● アーモンドパウダーをふるう。
● チョコレートを刻む。

保存と食べごろ

密閉容器で1週間（夏季は要冷蔵）。
当日からおいしく食べられる。

ここに注目！

簡単に作るチョコクリーム

間に挟むチョコレートクリームは、チョコレートの成分を安定させるため、通常はテンパリング（温度調整）を行います。家庭ではむずかしいので、代わりに溶かしたチョコレートにバターを混ぜて安定させる方法を。固まりやすくブルーミング（白い粉が吹くこと）も起こりません。

器／ヴェール

バーチ・ディ・ダーマ

① クッキー生地を作る。バターをボウルに入れ、ゴムべらで軽く練って塩を入れ、さらに練ってなじませる。

② 粉糖を⅓量ずつ3回に分けて加え、そのつど混ぜてなじませる。

◆ 粉糖は全量を入れると均一に混ぜにくいので3回に分け、白い色が消えたら次を入れます。空気が入ると焼いた後にひびが入りやすいので、練り混ぜてなるべく空気を入れないようにしましょう。

③ アーモンドパウダーを全量加え、混ぜて生地になじませる。

◆ アーモンドの油脂分がバターとなじみやすいので、粉類を入れる前にアーモンドパウダーをよくなじませておきます。

④ 中力粉と片栗粉を小さめのボウルに入れ、小さな泡立て器などでよく混ぜる。ふるいながら③の生地に加える。

⑤ 最初はゴムべらで切るように混ぜる。写真のような小片にまとまってくる。

⑥ 次はゴムべらで押しつぶしながら混ぜて、バターと粉をなじませていく。

⑦ 生地全体がしっとりして粉気がなくなってきたら、手のひらでつかみながらまとめていく。

⑧ ポロポロとした細かなそぼろ状になったら、約5g分を取り、手のひらで素早く丸めて状態を確認する。表面がなめらかに丸まればOK。

◆ 丸まりにくい時は、水（分量外）を少量足してください。

⑨ 生地の半量をラップで包み、手のひらで押さえながら細い棒状にまとめる。残り半量も同様に。

⓾ ナイフやカードで1個5〜6gに切り分ける。

⓫ 1個ずつ、手のひらで丸める。一度両手で押さえてつぶし、再び丸める。天板のオーブンシートに間隔をあけて並べる。

◆ 1個につき3〜4秒で素早く、圧力をかけすぎないように丸めるのがコツです。また、一度つぶすことで崩れにくくなります。

⓬ 丸めた時の失敗例。

◆ 時間や力をかけすぎると手の熱が加わり、生地の中の油分が溶けて粉にしみ込んで、生地がボロボロになってきます。

⓭ 1個ずつ、生地のトップを指で軽く押してドーム状にする。室温で半日乾燥させる（急ぐ時は2〜3時間でも）。

◆ 生地は直径2cmほど。球状のまま焼くと下半分の生地が垂れ、その結果頂点が割れてくるので、最初にドーム状にしておきます。

⓮ 160℃のオーブンで20分ほど焼く。写真は焼き上がり。天板にのせたまま粗熱をとる。

⓯ チョコレートクリームを作る。チョコレートをボウルに入れ、湯せんにかける。ゴムべらで混ぜながら溶かし、半分溶けたところで湯せんをはずす。

◆ チョコレートにざらつきが出ないよう、60℃以下で溶かすようにしましょう。

⓰ チョコレートを35〜40℃に冷ましてからバターを加え、溶けるまで混ぜる。

◆ 出来上がったチョコレートクリームは、すぐに挟んでもよいし、室温でしばらくおいておいてもかまいません。

⓱ ⓮の生地の半量を裏返しにし、生地の平らな面にチョコレートクリームをスプーンですくって少量ずつのせる。

◆ チョコレートクリームはバターが入っているので、すぐに固まることはありません。

⓲ クリームをすべてのせ終えたら、対になるもう一方の生地をのせてギュッと押さえる。チョコレートが固まったら食べごろ。

赤いジャム入りの丸形クッキー

オッキ・ディ・ブーエ
Occhi di bue

イタリア全土

厚みのあるクッキー生地の中心に、赤色のジャムを詰めて。日本ではジャムサンドクッキーなどの名前でおなじみですが、イタリアでのネーミングは「牛の目」の意味。お菓子を、赤みがかった目をもつ牛になぞらえるとはおもしろい発想です。生地はタルトなどに使うことの多い、さくさくとした「パスタ・フロッラ」で、甘みだけでなく塩味を少しきかせているところにイタリアらしさがあります。ジャムは赤色であればどんなフルーツでも大丈夫。今回は電子レンジを使い15分でできるジャムレシピを紹介します。

材料（18個分）

◎パスタ・フロッラ（クッキー生地）
- 中力粉……120g
- バター（食塩不使用）……75g
- グラニュー糖……50g
- 塩……ひとつまみ
- 卵黄……20g
- レモンの皮（すりおろしたもの）……2g（½個分）

◎ラズベリージャム（仕上がり量約80g）
- ラズベリー（冷凍*）……100g
- グラニュー糖……50g
- レモン汁……10g

溶き卵……適量

粉糖（仕上げ用）……適量

打ち粉（強力粉）……適量

*ラズベリーは生でもよいが、一度冷凍するか、市販の冷凍品を使うほうが、味の凝縮感があり、ジャムになるのも早い。

特に用意する道具

抜き型（直径5cmの菊形、直径3cmの丸形）、
めん棒、バット（約30cm四方）、刷毛、
クッキングペーパー、オーブンシート

準備

- 卵黄を室温にもどす。
- バターを柔らかくする。
- オーブンを180℃に予熱する。
- 天板にオーブンシートを敷く。
- 溶き卵は全卵を溶いて茶こしでこす。

保存と食べごろ

密閉容器に入れて10日間。当日からおいしく食べられる。

ここに注目！

生地は筒形にしてのばす

生地はきちんと四角形にのばすほうが、均等に力が加わるので厚さが均一になり、型で抜く際も無駄が出ません。そのためには最初に筒形に成形しておくことです。側面をめん棒で叩くと簡単に四角形に広がっていきます。

器／ヴェール

オッキ・ディ・ブーエ

❶ バター、グラニュー糖、塩をボウルに入れ、ゴムべらですり混ぜる。なじんできたら、ぐるぐると練り混ぜる。

◆ 全体が少し白っぽくなるまで練り混ぜて、軽く空気を入れます。これをしないと、生地が詰まった感じに仕上がります。

❷ レモンの皮を入れてしっかり練り混ぜたら、卵黄を加えて混ぜる。

◆ 柑橘の皮には精油成分があるので、油脂であるバターにきれいになじみます。卵や粉を入れる前に混ぜておくのがコツ。

❸ 中力粉をふるいながら加える。

◆ 粉は直前にふるうほうがダマになりにくいので、ふるいながら生地に合わせます。

❹ <mark>練らずに、ゴムべらで切るように混ぜる。</mark>

◆ 練るとグルテンができて食感が悪くなります。ボウルを回しながらゴムべらを一方向に往復させて粉を混ぜていきます。

❺ しっとりしたそぼろ状にまとめる。

◆ 粉気がなくなり、大粒のそぼろ状になればOK。塊にせず、そぼろ状で止めておくと、❼でこねる際に柔らかくてこねやすく、その分、生地に負担がかからずよい状態を保てます。

❻ <mark>そぼろ状のままラップで平らに包み、冷蔵庫で1時間ほどやすませる。</mark>

◆ 成形するには柔らかすぎるので、冷やして固めます。急ぐ時は冷凍庫で30分ほどやすませても。

❼ 台に生地を取り出し、手でこねてなめらかな生地にまとめていく。

◆ 柔らかさが均一になるようにこねます。硬いところがあれば、集中的にこねて柔らかくしましょう。硬い部分が残っていると、のばしている時にひび割れができます。

❽ 塊にまとまったら、<mark>筒形に整える。</mark>

◆ 筒形に整えておくと、❾〜❿の工程できれいな四角形にのばしやすくなります。

❾ 生地に打ち粉をふり、めん棒を生地と平行にして叩く。

◆ めん棒を転がして薄くのばす前に、叩いて四角形にします。1辺15〜20cmくらいになればOK。

❿ 生地を90度ずつ回しながらめん棒で少しずつ均一にのばし、厚さ4mmにする。バットにクッキングペーパーを敷き、生地をのせる。ラップをかけて、冷蔵庫で30分（冷凍庫なら約15分）やすませる。

⓫ 生地をペーパーごと台にのせ、めん棒で軽くならす。菊形の抜き型で間隔をあけずに抜き、裏返しに並べる。半数は、中心を丸形で抜く。
◆ 打ち粉がついている面を上にし、食べる時に舌に触れないようにします。残った生地は二番生地として同様に型抜きを。

⓬ オーブンシートを敷いた天板に並べ、リング形のみ、上面に刷毛で溶き卵をぬる。180℃に予熱したオーブンで20分ほど焼く。写真は焼き上がり。
◆ リング形の生地は形がゆがみやすいので、あまりさわらないようにします。

⓭ 天板からはずして粗熱をとったのち、丸い生地にリング形の生地をのせる。

⓮ ラズベリージャム（下欄）をスプーンですくって中心の穴の縁まで詰める。粉糖を茶こしでこしながら全体にふる。
◆ 2枚の生地が重なった部分にジャムがしみ込み、のり代わりになって密着します。

➤ ラズベリージャム ➤

電子レンジで簡単においしく作る方法です。手順❿で生地をやすませている間に作ると効率よくできます。沸騰すると吹きこぼれることがあるので、深さのある耐熱容器を使ってください。

 →  →  →

耐熱容器にラズベリー、グラニュー糖、レモン汁を入れ、混ぜてグラニュー糖を溶かす。
◆ レモン汁は酸味とラズベリーのペクチンを引き出す目的で加えます。

電子レンジに1分かけて解凍する。全体を軽く混ぜて果汁と果肉を均一にする。
◆ ラップはかぶせず、水分をとばします。

再び電子レンジに9分かけ、いったん取り出してよく混ぜる。次に3分かけて混ぜる。写真は仕上がり。ボタッと塊で落ちる濃度に。
◆ 中心が焦げやすいので、途中で一度混ぜます。

生地に詰める直前にジャムを柔らかくする。ジャムに水大さじ1.5を加え、電子レンジに1分かけ、一度混ぜて再度1分かける。トロリと垂れる柔らかさに仕上げる。

ゆで卵の黄身入りほろほろクッキー

マルゲリティーネ・ディ・ストレーザ

Margheritine di Stresa

ピエモンテ州 ストレーザ

ゆで卵の黄身を生地に練り込んで作る、珍しいビスコッティ（クッキー）。生の卵黄より水分量が少ないのでもろい生地になり、口に含むとほろほろとやさしく溶けていきます。油脂の使い方にも特徴があり、バターに風味の控えめなマーガリンを同量混ぜることで、ゆで卵の味と香りを際立たせます。菓子の名前は、ピッツァ・マルゲリータでも有名なマルゲリータ王妃に由来。19世紀末、一族が保養地にしていた北イタリアの湖畔の町ストレーザの菓子職人が、王妃に捧げたといわれています。

材料（30〜35個分）

バター（食塩不使用）……45g
マーガリン（有塩）……45g
粉糖……40g
全卵*……1個
中力粉……75g
片栗粉……75g
バニラエッセンス……少量
粉糖（仕上げ用）……適量

*卵はゆでて黄身だけを使う。

特に用意する道具

裏ごし器、星口金（6切、口径12mm、7番）、絞り袋、オーブンシート

準備

- バターとマーガリンを柔らかくする。
- オーブンを170℃に予熱する。
- 天板にオーブンシートを敷く。
- 絞り袋に星口金をセットする。

保存と食べごろ
密閉容器で2週間。当日からおいしく食べられる。

ここに注目！
卵は固ゆでと半熟の中間に

卵のゆで加減が大事なポイントです。黄身の中心が濃い黄色で、ねっとり柔らかい状態にゆでること。これを細かく裏ごしすることで生地になじみ、ほろほろ食感が生まれます。黄身は乾きやすいので、取り出した後も裏ごしした後もすぐに調理を。乾くと粒が残り、舌ざわりが悪くなります。

マルゲリティーネ・ディ・ストレーザ

1 ゆで卵を作る。小鍋にたっぷりの水と卵を入れて強火にかけ、沸騰したら弱火にして8分ゆでる。取り出して氷水に入れ、急冷する。
◆ 時間を正確に守りましょう。

2 バターとマーガリンをボウルに合わせ、ゴムべらで練ってなじませる。
◆ 卵をゆでている間に生地のベースを作ります。

3 粉糖を1/3〜1/2量ずつ加え、そのつどゴムべらですり混ぜる。粉糖を入れ終えたら泡立て器に替えて、白っぽくなめらかになるまで混ぜる。

4 混ぜ終えたバター生地。

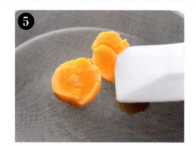

5 ゆで卵が冷めたら殻をむき、黄身を取り出して裏ごしする。
◆ 卵のゆで加減は、固ゆでと半熟の中間。黄身の中心が濃い黄色で、ねっとりした柔らかさを保っているのがベストです。

6 裏ごしした黄身。
◆ 裏ごし器のメッシュは細かいほうが、より口溶けがよくなります。黄身は乾燥しやすいので、すぐに次の工程に進みましょう。

7 ❹のバター生地に黄身を入れて泡立て器で混ぜる。

8 黄身を混ぜ終えたバター生地。バニラエッセンスをふって、再度混ぜる。
◆ 卵黄に水分が残っているので、すぐにきれいに混ざります。時間がたって乾燥した黄身や、固ゆでの黄身では生地になじみにくく、粒が残ってしまいます。

9 ==粉類を加える前に、ボウルの側面についた生地をゴムべらできれいにぬぐい落とし==、生地をまとめる。

❿ 中力粉と片栗粉を小さめのボウルに合わせて小さな泡立て器でよく混ぜる。ふるいながら❾の生地に加える。

⓫ ゴムべらで==切るように混ぜる==。白い色がなくなり、いくつかの塊にまとまってくればよい。

◆ 今回のように絞り袋で絞って成形する菓子は、絞り出す工程が練ることになるので、その前段階では練らないようにします。

⓬ 仕上がった生地。==完全にまとまっていないのがベスト==。

⓭ 星口金をつけた絞り袋に生地の半量を詰める。

◆ 全量を入れると多すぎます。袋の中で何度も絞る＝練ることになるので2回に分けます。

⓮ 天板のオーブンシートの上に、直径3.5cmに丸く絞り出す。

◆ 間隔は生地1個分を目安に。

⓯ 170℃のオーブンで15分ほど焼き、状態を見て天板の前後を入れ替えて2〜3分焼く。写真は焼き上がり。

◆ 茶色に色づくほど焼くとゆで卵の香りが消えるので、クリーム色を保っているのがちょうどよい焼き加減。

⓰ 天板にのせたまま、粗熱をとる。==一カ所に集めて、粉糖を茶こしでこしながらふる==。

◆ 焼き上がったままの位置で粉糖をふると、あいたスペースにも粉糖が落ちて無駄になります。寄せてふりましょう。

From Chef

マルゲリティーネの形

ここでは生地を星口金で絞ってギザギザの渦巻き状に作りましたが、この形には限りません。このお菓子の原形は中心に小さな穴をあけた丸形で、ほかには菊形やマーガレットの花形に抜いて作る店もあります。お好みの形でどうぞ。

イタリア版マカロン
アマレッティ
Amaretti

イタリア全土

日本では「マカロン」の名前で知られていますが、イタリアではアマレッティ。「アマーロ（苦い）」な小菓子の意味で、一般的なスイートアーモンドだけでなく、ビターアーモンドも使うことからその名前があります。ただビターアーモンドは日本では入手できないので、エッセンスで代用するレシピをご紹介。小麦粉を使わないメレンゲ菓子ですが、食感は硬いもの、ソフトなものといろいろなタイプがあります。今回は硬いクロッカンテタイプを。砕いてジェラートやパフェに散らすなど、菓子材料にも使えます。

材料（60～70個分）
アーモンド*（皮付き。ホール）……50g
アーモンド*（皮なし。ホール）……50g
グラニュー糖……70g
粉糖……63g
ベーキングパウダー……0.5g（ふたつまみ）
卵白……20g
ビターアーモンドエッセンス……10ふり

*アーモンド2種は市販のアーモンドパウダーで代用できる。その場合は、グラニュー糖を使わず、すべて粉糖にしたほうが混ざりやすい。

特に用意する道具
フードプロセッサー、オーブンシート

準備
- 卵白を室温にもどす。
- アーモンドを160℃のオーブンで8～10分間ローストしておく。
- オーブンを150℃に予熱する。
- 天板にオーブンシートを敷く。

保存と食べごろ
密閉容器に入れて1カ月間。当日からおいしく食べられる。

ここに注目!

2種類のアーモンドを使う
アーモンドは皮付きと皮なしでは風味が違います。どちらか1種類で作るよりも、2種類を混ぜるのが断然おすすめ。風味に変化がつき、深みが増します。さらに、ひきたてで作ると香りは最高！

アマレッティ

❶ アーモンド2種類とグラニュー糖をフードプロセッサーにかけて、きな粉くらいの粉末にし、ボウルに入れる。

◆ アーモンドとグラニュー糖を一緒にフードプロセッサーにかけると、グラニュー糖も細かくなってアーモンドとよくなじみます。熱をもたせないよう手早く回しましょう。

❷ 粉糖をふるって小さなボウルに入れ、ベーキングパウダーを加えてスプーンでよく混ぜる。

◆ ベーキングパウダーを粉糖の中で散らしておくと、❸でアーモンドと混ぜる時にも生地全体に均一に散らすことができます。

❸ ❶に❷を合わせ、泡立て器でよく混ぜる。

◆ 白い色が消えれば、粉糖が完全に混ざっています。

❹ 卵白とビターアーモンドエッセンスを加え、ゴムべらで混ぜる。

❺ 卵白の水分が浸透してしっとりしてきたら、ゴムべらで押さえつけながら混ぜ、塊にまとめていく。

❻ 写真がペースト状になった生地の出来上がり。

❼ ラップで平たい四角形に包み、冷蔵庫で1〜2時間やすませる(写真左)。右は1日やすませたもの。

◆ 当日に焼いたものはザラッとしたワイルドな舌ざわりになり、1日やすませて焼くと材料同士がなじみ、なめらかな食感になります。お好みで。

❽ 塊を2等分し、それぞれ手で転がして親指くらいの太さ(直径約1.5cm)の棒状にする。

❾ 幅1.5cmに切り分ける。

❿ 1個ずつ両手のひらで転がしてボール状に丸める。

⓫ オーブンシートを敷いた天板に並べる。
◆ 生地はかなり膨らむので、間隔は2個分くらいあけてください。

⓬ 150℃のオーブンで25分ほど焼く。天板にのせたまま粗熱をとる。
◆ 焼き上がりの目安は、表面がよく乾いていること。

割ると粗く、ザクザクとした断面。ふわっとアーモンドが香る。

From Chef

粉生地は味見してから焼く

粉生地は焼く前に、材料をまとめた段階でほんの少し、指先分くらいを味見してみましょう。この段階でも甘さ、塩味、香りなどがよくわかります。材料の入れ忘れや配合の間違いなども確認できますよ。この生地がおいしければ、焼き上がりも確実においしくできます。材料は生ですが、少量なので食べても大丈夫です。

ゴツゴツ形のナッツ入りメレンゲ
ブルッティ・マ・ブオーニ
Brutti ma buoni

● トスカーナ州

刻んだナッツを混ぜて焼く、ひと口サイズのメレンゲ菓子。見た目がゴツゴツしていることから「醜いけれど、おいしい」というユニークな名前がついています。作り方も少々変わっていて、しっかり泡立てたメレンゲをナッツとともにいったん鍋で炊き、水分を蒸発させてとろみをつけます。これをひと口大に分け、オーブンで焼き上げます。なめらかなメレンゲで包まれた、ナッツの風味と歯ごたえが際立つ菓子で、食べ始めると止まらないおいしさ。シナモンなどのスパイスで香りをつけるのも特徴です。

材料（25～30個分）
アーモンド（皮付き。ホール）……150g
グラニュー糖……60g
中力粉……7g
塩……ひとつまみ
シナモンパウダー……少量
バニラエッセンス……少量
◎メレンゲ
　卵白……60g
　グラニュー糖……60g

特に用意する道具
ハンドミキサー、オーブンシート

準備
● 卵白を室温にもどす。
● オーブンを140℃に予熱する。
● 天板にオーブンシートを敷く。

保存と食べごろ
密閉できる瓶や缶に入れて1カ月間。当日からおいしく食べられる。

炊いてもつぶれないメレンゲ

メレンゲを火にかけると、せっかく立てた泡が消えてしまうのでは、と心配になるかもしれません。たしかに水分をとばすので体積は減りますが、充分に泡立ててあれば気泡自体はつぶれず、弾力はしっかり残ります。

ブルッティ・マ・ブオーニ

❶ アーモンドを包丁で細かく砕き、ボウルに入れる。

◆ アーモンドは均一に刻まなくても大丈夫。大小いろいろな大きさがあったほうが食感に変化がつきます。

❷ ❶にグラニュー糖、中力粉、塩、シナモンパウダーを加える。

◆ 塩を加えるとナッツのおいしさが引き立ちます。

❸ 手でよく混ぜる。

❹ メレンゲを作る。大きなボウルに卵白を入れ、分量のグラニュー糖のうち大さじ1を入れる。

◆ しっかりしたメレンゲを作るために、卵白は室温にもどしたものを使います。

❺ ハンドミキサーの高速で泡立てる。

◆ 最初はボウルの真ん中で泡立て、全体に白い泡が広がり始めたらハンドミキサーをゆっくり動かしながら全体を均一に泡立てていきます。この段階では最初のグラニュー糖を卵白に溶かすのが目的です。

❻ 柔らかい角が立つようになったら、残りのグラニュー糖をすべて入れる。続けて高速で泡立てる。

◆ 糖度が変わると泡が消えやすいので、残りのグラニュー糖は一度に加えます。

❼ 写真がメレンゲの仕上がり。==見た目がもったりとして弾力とつやがあり、キメが細かい。==

❽ メレンゲに❸のナッツ類とバニラエッセンスを一度に加える。

❾ ゴムべらでよく混ぜ、メレンゲの中にナッツを均等に広げる。

◆ メレンゲの泡がしっかり立っているので、ぐるぐる混ぜても大丈夫です。

❾を鍋に入れて中火にかける。ゴムべらでぐるぐる混ぜながらメレンゲに火を入れる。

◆余分な水分をとばし、グラニュー糖を完全に溶かすのが目的です。よく泡立てたメレンゲだから、もったりした弾力が残っています。

==メレンゲが薄茶に色づき、鍋底も薄く色づいてくるまでよく混ぜて==火を入れる。

スプーンでひと口大（直径3〜4cm）にすくい、天板のオーブンシートの上に並べる。

140℃のオーブンで40分ほど焼く。焼き上がりの目安は香ばしい焼き色がついていること。焼き上がったら天板にのせたまま粗熱をとる。

✈ もうひとつのブルッティ・マ・ブオーニ ✈

このお菓子には作り方が二つあります。こちらはメレンゲに材料を混ぜたら鍋で炊かないで、そのままオーブンで焼き上げるタイプです。見た目も全く異なりますし、味わいも、ナッツよりメレンゲのサクサクした軽い食感が楽しめるように作られています。こちらは北イタリアの菓子で、本来は「ブルッティ・エ・ブオーニ」と呼ばれるもの。僕のお店では、このタイプを販売しています。

○ ロンバルディア州

サラミを模したチョコケーキ
サラーメ・ディ・チョッコラート
Salame di cioccolato

姿形もモザイク状の切り口もサラミに似せて作る、その名もズバリ「チョコレートのサラミ」。ココア入りのバタークリーム生地に、小片に砕いたビスコッティを背脂に模してちりばめます。わざわざ材料を買わなくても、家にあるもので簡単にできる典型的なホームメイド菓子です。卵黄入りのバタークリームは加熱しませんが、生地の水分が非常に少ないので、卵黄が劣化しにくく日持ちします。切るとふわっと立つラムの香りと濃厚なカカオの風味で、チョコレートが入っていないとは思えないリッチな味わいです。

材料（長さ約15cm　2本分）
- ビスコッティ*……100g
- 卵黄……40g
- グラニュー糖……85g
- バター（食塩不使用）……40g
- ココアパウダー……40g
- ラム……15g
- 粉糖（仕上げ用）……適量

*ビスコッティは、カントゥッチ（→p.34）やブルッティ・マ・ブオーニ（→p.26）、また一般的なクッキー、サブレ、乾燥したスポンジ生地の切れ端などでも。

特に用意する道具
アルミ箔（30×35cm大）2枚、カード

準備
- 卵黄を室温にもどす。
- バターを柔らかくする。

保存と食べごろ
アルミ箔かラップで包み、冷蔵庫で2週間ほど。クッキーが生地になじむ2～3日後がいちばんの食べごろ。

ここに注目！
硬いビスコッティを選びます
ビスコッティは、生地に混ぜた時に水分がしみ込んで崩れたり、溶けたりしやすいものは不向きです。できれば、混ぜた後も形状を保てる硬さが必要。ナッツやドライフルーツが入っていてもかまいません。また、いろいろな種類のビスコッティを合わせると風味が複雑になり、味わいが増します。

サラーメ・ディ・チョッコラート

❶ ビスコッティを包丁かスケッパーで約1cm角に刻む。

◆ 大きさは大小いろいろあって大丈夫です。

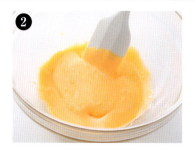

❷ 卵黄とグラニュー糖をボウルに入れて、ゴムべらで混ぜる。写真のようななめらかな生地にする。

❸ バターを加えて、続けて混ぜる。再びなめらかな生地にする。

❹ <mark>ココアパウダーを茶こしでふるいながら</mark>1/3量を加える。

◆ ココアパウダーはすぐに水分を吸収して固まるので、一度に全量を入れるとダマができやすくなります。また、軽くて容器外にあふれやすいので、少量ずつ加えるのがコツです。

❺ ゴムべらでぐるぐると混ぜて均一に混ぜ込み、なめらかな生地にする。

❻ 残りのココアパウダーも2回に分けて同様に加え、混ぜる。写真は混ぜ終わり。

❼ ラムを入れて混ぜる。

◆ ラムで生地の柔らかさを調整します。最初は半量ほど入れて混ぜ、状態をチェック。すくうと、パスタ・ビニェ（シュー生地）のようにぽってりと塊が落ちる濃度（→p.72手順8）を目安にし、足りなければ残りのラムを加えます。

❽ 写真がちょうどよい濃度の仕上がり。

◆ つやがあり、ねっとりした生地にします。ビスコッティを砕いた時に粉が多く出ますが、この粉が水分を吸って生地が締まるので、心持ちゆるめの生地にしておきます。

❾ 生地に❶のビスコッティを加える。

◆ 小さく砕けたものも、粉になったものもすべて加えてください。

❿ ビスコッティの色が見えなくなるまでよく混ぜる。

⓫ アルミ箔の真ん中に、❿の生地の半量を棒状(長さ約15cm)にのせる。残り半量も、もう1枚のアルミ箔で同様に作る。

⓬ アルミ箔の片側を生地にピッタリとかぶせ、生地の脇を手で押さえながら締める。

⓭ 次に、カードを押し込むようにしてさらに締める。

◆ 端から端まで太さが均一に、まっすぐになるように整えます。

⓮ 一度アルミ箔を開いて、形や太さを確認。太さが均一で、形が整っていればOK。

⓯ 再びアルミ箔をかぶせ、カードでピッタリと締める。残りのアルミ箔をすべて巻きつけ、両端のあまった部分をそれぞれねじる。

⓰ <mark>コロコロと転がして表面をならしたのち</mark>、冷蔵庫で2時間冷やし固める。

◆ 表面が多少デコボコしたほうがサラミらしくなるので、完璧になめらかにする必要はありません。

⓱ アルミ箔を開き、粉糖をふるいながら全体にまぶす。食べる時は、厚さ1cmの斜め切りにする。

◆ ナイフは切るたびに生地がつくので、そのつどぬれ布巾で拭き取りましょう。

From Chef

現地では量り売りも

家庭で気軽に作れるお菓子ですが、パスティッチェリーアでも売られており、大小さまざまなサイズのものがグラム単位で量り売りされています。楽しみ方もいろいろで、お酒とともに、あるいはコーヒーのおともに、どんなシチュエーションにもなじむお菓子です。

アーモンド入りの焼き菓子
カントゥッチ
Cantucci

トスカーナ州プラート

日本でもおなじみのお菓子ですが、正式名を初めて知る人もいるかもしれません。別名「ビスコッティ・ディ・プラート（プラートのビスケット）」。ビスコッティは、イタリア語でクッキーの総称です。二度焼きして小麦粉とアーモンドをおいしくなるまで焼き上げた風味豊かな菓子です。甘口デザートワインの「ヴィンサント」に浸しながら柔らかくして食べるのが伝統ですが、硬いままでももちろんおいしい。基本形は粒のアーモンドに、アニスの風味を加えたものですが、今ではバリエーションも豊富です。

材料（約40個分）
中力粉……125g
グラニュー糖……100g
ベーキングパウダー……2g
アニスパウダー……0.5g
全卵……30g
卵黄……20g
塩……1g
サンブーカ*……4g
バニラエッセンス……少量
アーモンド（皮付き。ホール）……100g
溶き卵（つや出し用）……適量
打ち粉（強力粉）……適量

*サンブーカはイタリアのアニス風味のリキュール。

特に用意する道具
オーブンシート、カード、刷毛

準備
- 全卵と卵黄を室温にもどし、合わせておく。
- アーモンドを180℃のオーブンで12分ローストする。
- オーブンを180℃に予熱する。
- 溶き卵は全卵を溶いて茶こしでこす。

保存と食べごろ
密閉容器に入れて1カ月ほど。翌日から食べごろ。

ここに注目！

生地は一度乾かしてから焼く

1回目の焼成前に、生地をむき出しのまま室温に半日おいて乾かします。夏場も冬場も同じです。表面が乾いてごわごわしてきますが、焼く前にここまで乾燥させておくと、仕上がりがひび割れません。

カントゥッチ

❶ 小さいボウルにグラニュー糖とベーキングパウダーを入れ、指先でよく混ぜる。アニスパウダーを加えてむらなく混ぜる。

◆ パウダー類は、最初にグラニュー糖に混ぜて均一に散らし、ダマになるのを防ぎます。

❷ 大きなボウルに中力粉を入れ、ゴムべらで中心にくぼみを作る。くぼみに❶のグラニュー糖類、合わせた卵を入れ、上に塩とサンブーカ、バニラエッセンスを垂らす。

❸ 最初はくぼみの中のグラニュー糖と卵だけをゴムべらで混ぜる。

◆ グラニュー糖と卵が完全に混ざるまでぐるぐると回します。中力粉にはさわらないように。

❹ 中力粉を内側から少しずつ崩しながら卵液に混ぜていく。

❺ 中力粉の1/3量を混ぜたらアーモンドを入れ、まず卵液と混ぜる。

◆ 中力粉を全量混ぜた後では、生地の水分が少ないのでアーモンドがなじまず、混ざりません。中力粉を混ぜきる前の柔らかいうちにアーモンドの表面に卵液をまぶしつけます。

❻ 残りの中力粉を少しずつ崩して混ぜ、粉気がなくなったら押しつけるようにしっかり練って、塊にまとめていく。

◆ ボウルにこびりついた生地も、最後にカードなどでこそげ落として生地に混ぜます。

❼ 塊にまとまった生地。打ち粉をまぶし、表面をなめらかにして台に取り出す。

❽ 最初はベタつくので打ち粉を多めに使い、両手で全体に均等に圧力をかけながら転がし、長さ50cmくらいの棒状にする。

◆ 生地の内側に空洞を作らないようにのばします。

❾ 生地を2等分してオーブンシートにのせる。手首の付け根近くで上から軽く押して表面を平らにしたのち、両側からつまんで台形（四角錐台）に整える。

◆ 棒状のまま焼くと生地の形が安定せず、ひび割れができがち。押しつぶした台形状ならきれいに焼けます。

10 もう一度手のひらで上から軽く押さえ、尖りすぎたところを整える。生地の底面の縁も、カードで軽く内側に押し込んでまっすぐに整える。

11 室温で12時間ほどおいて表面を乾燥させる。

◆ ラップをかぶせずむき出しのまま、夏場も冬場も室温におきます。表面がゴワゴワしてきますが、焼く前にここまで乾燥させておくと、焼き上がりがひび割れることがありません。

12 最初の焼成。オーブンシートごと天板にのせ、上面に溶き卵を刷毛で塗る。180℃に予熱したオーブンで18分焼く。

13 1回目の焼き上がり。

◆ 卵を塗っていない部分を見て、薄いベージュ色になっていればOK。これが小麦粉の焼けた色です。

14 取り出して粗熱がとれるまでおく。1cm強の厚さに切り分ける。

◆ 生温かい状態で切るのがポイント。焼きたての熱いうちは生地もアーモンドも柔らかいのですが、完全に冷めてしまうと、硬すぎて切りにくくなります。

15 スパッと切れた美しい断面。火は通っているが、焼きは半分。

◆ 切り分けたらすぐに2度目の焼成に移ってもよいですし、2～3時間おいて水分が抜けてから焼いても問題ありません。

16 2度目の焼成。160℃に下げたオーブンで10分焼き、裏に返してさらに10分ほど焼く。冷ましてから密閉容器で保管する。

From Chef

カントゥッチの大きさ

大きさに決まりはありませんが、イタリアでは幅2cmくらいの厚いものが主流。日本では、少し薄く1cm強に作ることが多いです。また、切り分ける際、生地に対して垂直に近く包丁を入れれば短くなり、斜めや平行に近く切れば長くなります。お好きな厚みと長さでどうぞ。

カントゥッチのバリエーションは無限大！

スパイスやナッツを変えたり、ドライフルーツやチョコレートなどを組み合わせたりと、
バリエーションが豊富です。本来は二度焼きの焼き菓子ですが、材料によっては一度焼きで。

チョコレート風味の
カントゥッチ

ココアパウダーを混ぜ、チョコチップを入れた黒いカントゥッチ。香りづけはバニラエッセンスのみ。

Cantucci al cioccolato

材料（約40個分）

グラニュー糖……100g	全卵……50g
ベーキングパウダー……2g	中力粉……105g
塩……1g	ココアパウダー……20g
バニラエッセンス……少量	チョコチップ……100g
	打ち粉（強力粉）……適量

作り方のポイント

ココアパウダーは中力粉と一緒にふるいにかけ、あとはp.36〜37の手順❶〜⓭と同じ。手順❺で、アーモンドの代わりにチョコチップを入れる。二度焼きせず、1回で焼き上げる（焼成温度175℃で25分）。しっかり冷ましてから切り分ける。ここでは二度焼きするとチョコチップやレーズンが焦げたり乾いたりするので一度焼きにします。

レーズン入り
カントゥッチ

2種類のレーズンをミックスして入れます。
フェンネルパウダーの爽やかな香りをつけて。

Cantucci con uvetta

材料（約40個分）

グラニュー糖……100g	全卵……50g
ベーキングパウダー……2g	中力粉……125g
塩……1g	レーズン（黒、緑）……各50g
バニラエッセンス……少量	溶き卵（つや出し用）……適量
フェンネルパウダー……1g	打ち粉（強力粉）……適量

作り方のポイント

フェンネルパウダーはバニラエッセンスと一緒にベースの生地へ。レーズンは湯で柔らかくもどして水気を絞っておく（→p.64❶〜❷）。あとはp.36〜37の手順❶〜⓭と同じ。レーズンは、手順❺でアーモンドの代わりに入れる。二度焼きせず、1回で焼き上げる（焼成温度175℃で25分）。しっかり冷ましてから切り分ける。これは幅5mmくらいの薄切りがおいしい。

ビスコッティは楽しい
Varietà di biscotti

　イタリアのビスコッティには数えきれないほどの種類があります。材料、風味、形状、食感などが多彩で、それぞれが生まれた土地もさまざま。由来におもしろいエピソードをもつものも少なくありません。食べ飽きないのはもちろん、作っていても変化に富んで楽しいものです。カントゥッチに続き、イタリアでメジャーなビスコッティ3品を紹介します。

マーガレット形クッキー
カネストレッリ
Canestrelli

● リグーリア州ジェノヴァ

食感はソフトで甘みが控えめの、もっともオーソドックスなタイプのクッキーです。マーガレットの花のような形が特徴で、クッキーの中では厚みがあります。もとは港町ジェノヴァの伝統菓子ですが、いまでは市販品も多く、全土に広まっています。

材料（直径6.5cm　10個分）
中力粉……180g
ベーキングパウダー……2.5g
レモンの皮（すりおろしたもの）……4g（1個分）
グラニュー糖……60g
塩……1g
バター（食塩不使用）……100g
卵黄……40g
バニラエッセンス……少量
粉糖（仕上げ用）……適量
打ち粉（強力粉）……適量

特に用意する道具
めん棒、抜き型（直径6.5cmの菊形、直径2cmの丸形）、オーブンシート

準備
- 卵黄を室温にもどす。
- バターを柔らかくする。
- オーブンを180℃に予熱する。
- 天板にオーブンシートを敷く。
- 中力粉とベーキングパウダーを一緒にふるう。

保存と食べごろ　密閉容器に入れて2週間。当日からおいしく食べられる。

❶ ボウルにレモンの皮、グラニュー糖、塩を入れて均一に混ぜる。バニラエッセンスとともにバターに加え、ゴムべらに持ち替えてすり混ぜる。次に卵黄を加えて混ぜ、中力粉とベーキングパウダーを加えて混ぜる。生地をまとめてラップで包んで筒形に整え、冷蔵庫で1時間冷やす。

❷ ❶の生地を台に取り出して打ち粉をし、めん棒で叩いて四角形に整え、厚さ6〜7mmにのばす。菊形の抜き型で抜いた後、中心を丸形の抜き型で抜いて、オーブンシートを敷いた天板に並べる。

❸ 180℃のオーブンで12分ほど焼く。天板にのせたまま粗熱をとり、少し温かいうちに粉糖をふる。

● ピエモンテ州

イタリア版ラング・ド・シャ
リングエ・ディ・ガット
Lingue di gatto

フランスの焼き菓子、ラング・ド・シャの原形と言われています。ラング・ド・シャは通常バターと小麦粉の比率が高いリッチな味ですが、イタリアのものはバター、小麦粉、砂糖、卵白がほぼ同割で、サクサクした軽い風味。大きさは好みでよく、絞り出す口金のサイズも自由です。

材料（長さ7×幅3cm　約30枚分）
中力粉……50g
卵白……35g
バター（食塩不使用）……50g
粉糖*……50g
塩……0.5g
バニラエッセンス……少量

*グラニュー糖を使うレシピもあるので、好みでどちらでも。粉糖のほうが空気を多く含ませることができ、白くキメが細かく焼き上がる。

特に用意する道具
ハンドミキサー、丸口金（口径11mm、10番）、絞り袋、オーブンシート

準備
- 卵白を室温にもどす。
- バターを溶ける直前のペースト状に柔らかくする。
- オーブンを220℃に予熱する。
- 天板にオーブンシートを敷く。
- 丸口金を絞り袋にセットする。
- 中力粉をふるう。

保存と食べごろ 密閉容器に入れて2週間。当日からおいしく食べられる。

❶ ボウルにバター、粉糖、塩、バニラエッセンスを入れ、ハンドミキサーの高速で真っ白になるまでしっかり泡立てる。卵白を少量ずつ加えながら混ぜる。最後に中力粉を加え、ゴムべらに替えてつやが出るまでしっかり混ぜる。

❷ 丸口金をつけた絞り袋に❶の生地を入れ、オーブンシートを敷いた天板に細長く絞る。焼いているうちに生地が広がるので間隔を充分にあける。

❸ ❷の生地を220℃のオーブンで様子を見ながら8～10分ほど焼く。焼き上がりの目安は縁がきつね色に焼けていること。天板にのせたまま粗熱をとる。

◆ 薄く焼く生地なので、あっという間に焼きが進みます。必ず様子を見ながら焼きましょう。

ピエモンテ州カザーレ・モンフェッラート

口ひげ形のクッキー
クルミーリ
Krumiri

生地の食感はソフトですが、噛んだ時に粗挽きのとうもろこしの粒がプチプチと歯にあたり、風味も豊かです。レモンの皮を丸ごと1個分、たっぷり入れるとおいしい。イタリア王国の初代国王のひげをかたどったと言われる、「く」の字の形に作るのが決まりです。

材料（長さ10cm　25個分）
中力粉……70g
とうもろこし粉（粗挽き）……50g
卵黄……20g
バター（食塩不使用）……70g
グラニュー糖……40g
塩……少量
バニラエッセンス……少量
レモンの皮（すりおろしたもの）
　……4g（約1個分）

特に用意する道具
ハンドミキサー、星口金（6切、口径16.5mm、10番）、絞り袋、オーブンシート

準備
- 卵黄を室温にもどす。
- バターを柔らかくする。
- オーブンを200℃に予熱する。
- 天板にオーブンシートを敷く。
- 星口金を絞り袋にセットする。
- 中力粉ととうもろこし粉を一緒にふるう。

保存と食べごろ　密閉容器に入れて2週間。当日からおいしく食べられる。

❶ ボウルにバターとグラニュー糖、塩を入れ、ハンドミキサーの高速で真っ白になるまでしっかり泡立てる。バニラエッセンスとレモンの皮を入れ、卵黄を少量ずつ加えながら泡立てる。中力粉ととうもろこし粉を加えて、ゴムべらで切るように混ぜる。

❷ 星口金をつけた絞り袋に❶の生地を入れ、オーブンシートを敷いた天板に長さ約10cmの「く」の字形に絞る。そのまま室温に3〜4時間おいて乾燥させる。

◆ふくらみやすい生地で、すぐに焼くとほろほろに崩れやすいため、長時間乾燥させて形を安定させてから焼きます。

❸ ❷の生地を200℃のオーブンで12分ほど焼く。天板にのせたまま粗熱をとる。

Capitolo

2

タルト＆ケーキ＆シュー

Torte & Bignè

◇◇◇◇◇◇◇◇◇◇◇◇◇◇◇◇

片栗粉やとうもろこし粉、ラードやマーガリンなど、
さまざまな材料を使って作るケーキ。
ほろっと溶けたり、ぼろぼろと崩れたり、
多彩な食感も魅力です。
定番で作りたいメニューをご紹介します。

フルーツジャムのタルト

クロスタータ・
ディ・マルメッラータ

Crostata di marmellata

イタリア全土

タルト生地にジャムだけを詰めたシンプルなお菓子で、ホームメイドのドルチェとしても定番です。タルト生地のおいしさを存分に味わうために、思った以上に生地を厚くのばして焼き上げます。ジャムはアプリコットやチェリー、ベリー類などどんなものでも。ここではいちごの粒がゴロゴロと残ったワイルドなものを、電子レンジで作る手軽なレシピで紹介します。一般には上面に細い帯状の生地を格子状に飾りますが、最近のイタリアでは写真のような型で抜いた生地を並べる、かわいい飾りつけも人気です。

材料 (10×24×高さ2.5cmの角型1台分)
パスタ・フロッラ (タルト生地→p.48) ……320g
パスタ・フロッラ (タルト生地→p.48。飾り用) ……120g
◎いちごジャム (以下の配合) ……150〜200g
　いちご*1……150g
　りんご (紅玉など酸味のあるもの) ……1個 (200g)
　グラニュー糖……80g
　レモン汁……20g
ナパージュ*2……適量
粉糖 (仕上げ用) ……適量
打ち粉 (強力粉) ……適量

*1 いちごはつぶすので、形や大きさは問わない。熟しすぎているくらいのほうが柔らかく、甘みもあってジャム向き。一度冷凍して解凍すると、ドリップが出て甘さが引き立ち、酸味もとぶのでジャムが作りやすい。

*2 ナパージュはつやを出し、乾燥を防ぐために塗る。市販品もある。あんずジャムで代用もでき、少量の水で溶いて軽く火を入れ、実が入っていれば裏ごしして使う。

特に用意する道具
めん棒、飾り用の抜き型 (形は好みで)、刷毛、
ケーキクーラー

準備
● いちごはがくを取る。
● りんごをくし形に切り、芯の硬い部分を除く。
● オーブンを200℃に予熱する。

保存と食べごろ
密閉容器に入れて1週間。当日から食べられるが、3日目ごろから味がなじみ、いちばんの食べごろ。

〜〜〜〜 ここに注目! 〜〜〜〜

りんごのペクチンを利用

塊のいちごでは凝固剤の役目をするペクチンが出にくいため、果肉がゴロゴロしたジャムを作るにはペクチンの追加が必要です。そこで、皮にペクチンを含むりんごをジャム状に煮て組み合わせます。いちごの風味を壊さず、りんごの旨みも加わっておいしいジャムができます。

器／ヴェール

45

クロスタータ・ディ・マルメッラータ

❶ パスタ・フロッラ（タルト生地）を、長さ20cm弱の筒形に成形し、打ち粉を多めにふる。

◆ 筒形に整えておくと、側面を押しつぶすだけできれいな長方形になります。打ち粉はこれ以降はふらないので、少々多めにふっておきましょう。

❷ 生地を横長に置いてめん棒をのせ、上から強く押しながら前後に少し動かして平らにする。

❸ ここからはのばす作業。生地を90度ずつ回しながら、縦方向と横方向に同じ薄さになるようにのばしていく。

❹ 生地の厚さを5〜6mmまでのばす。上に型を置いて、型の縦横の寸法に高さを足した分にのばされているか確認する。

◆ 生地は食べた時に存在感があるほうがおいしいので、厚めにのばします。

❺ めん棒に生地をのせて、型にふわりとかぶせる。まず、生地の真ん中あたりを手で軽く押して、型に貼りつける。

❻ 次に四隅を整える。角の両脇の2辺の生地を持ち、親指で角に押し込むようにして型に貼りつける。

◆ 生地が柔らかくなる前に、できるだけ素早く作業しましょう。

❼ 直線部分は、両手で生地を持ち、軽くはがして上から押さえる感じで側面下の直角部分をきっちりと作る。そのあと、側面全体を型に貼りつける。少しずつ移動して一周分を行う。

◆ 型から飛び出した生地は、外側へ垂らすようにゆるく折っておきます。

❽ 型の上で力を入れてめん棒を転がし、飛び出ている余分な生地を切り取る。

❾ 最後にもう一度、生地の形を整える。左親指で側面の生地を軽く押し、同時に右親指で上からやや内側に寄せるように押す。移動しながら2周する。1時間ほど冷蔵庫でやすませる。

◆ のばしてすぐに焼くと縮みやすいので、必ずやすませましょう。

ジャムの上にのせる飾り用の生地は、厚さ2〜3mmにのばし、冷蔵庫で30分やすませる。

◆ やすませた後のほうが、きれいに型抜きができます。

ジャムを作る。りんごを皮ごとすりおろす。

◆ 細かく切ってから、フードプロセッサーやブレンダーで攪拌してもよいです。

⓫を大きめの鍋に入れ、グラニュー糖とレモン汁を加えてゴムべらで混ぜる。中火にかけ、沸いたら弱火にして、よく混ぜながら粘りが出るまで20〜30分煮つめる。

◆ 沸騰すると鍋の外にはねるので、最初の5分間は蓋をして時々混ぜてもよいです。

いちごを大きめの耐熱容器に入れ、電子レンジに4分30秒ほどかける。

◆ 果物は季節やものによって水分量が違うので、時間は目安です。時々状態をチェックしてかき混ぜましょう。いちごから湯気が出て、水分がしみ出てくるまで加熱します。

⓬のりんごにいちごを加え、弱火で5分ほど煮てジャムの出来上がり。氷水にあてて冷ます。

◆ いちごは塊をつぶさず、残したままにします。ジャムは当日から使えますが、冷蔵庫で1日おくと、りんごにいちごの味がしみておいしくなっていきます。

準備した❾の生地にジャムを詰める。

◆ 上にもタルト生地をのせるので、ジャムは縁まで詰めず、深さの6割くらいにします（150〜170g）。

❿の飾り用の生地を抜き型で抜いて、ジャムの上に飾る。200℃に予熱したオーブンで30〜35分焼く。生地にしっかり焼き色がついていれば焼き上がり。

◆ 飾り用の生地は、形も個数も自由に楽しんでください。

焼き上がったらケーキクーラーにのせて、粗熱をとる。型からはずし、表面に刷毛でナパージュを塗る。飾りに粉糖を茶こしでこしながらかける。

From Chef

ミックスジャムの応用

このお菓子でもそうだったように、2種類のフルーツをミックスすると、ジャムの味に深みが出ます。季節の果物と取り合わせてアレンジしてみてください。「りんご＋グレープフルーツ」「マンゴー＋パイナップル」「キウイ＋洋梨」もおいしい組み合わせ。

> 基本の生地

スタンダードなタルト生地

パスタ・フロッラ

Pasta frolla

小麦粉をバターや卵で練って作るタルト生地は、イタリア語でパスタ・フロッラといいます。フランス菓子のタルト生地と比べると、塩味をやや強くきかせ、レモンやバニラの香りをつけるところが特徴です。配合や使う副材料の違いでレシピはさまざまあり、クッキーとして楽しむこともあります。ここでは基本材料で作るスタンダードなタルト生地をご紹介します。小麦粉のおいしさを感じる味わいです。

材料（仕上がり量500g）

- 中力粉……230g
- ベーキングパウダー……1.5g
- バター（食塩不使用）……150g
- グラニュー糖……100g
- 卵黄……20g
- 塩……1g
- レモンの皮（すりおろしたもの）……3g（¾個分）

準備

- 卵黄を室温にもどす。
- バターを柔らかくする。

---

❶

ボウルにバターを入れ、ゴムべらでこねて柔らかなクリーム状にする。

✦ バターの塊が残らないよう、均一な柔らかさにします。

❷

グラニュー糖、塩、レモンの皮を加え、ゴムべらで練り混ぜる。

✦ 空気を入れないほうがよいので、ここでは泡立て器は使いません。

❸

写真が混ぜ終わり。

✦ グラニュー糖がバターになじんで白色が消えれば混ぜ終わりです。

❹ 卵黄を加え、ゴムべらで練り混ぜる。

◆ よく混ぜて、卵黄の水分をバターの中に閉じ込めます。こうすると、後で加える中力粉が水分を吸収することがなく、グルテンの粘りが出ないので、焼いた時に硬く締まることがありません。

❺ 卵黄とバター生地がなめらかに混ざったら混ぜ終わり。

◆ 卵黄とバター生地を完全に一体化させます。

❻ ボウルに中力粉とベーキングパウダーを合わせてかき混ぜ、ふるいながら❺の生地に加える。

❼ ゴムべらで生地を切りながら混ぜ続ける。

◆ ゴムべらを縦方向に往復させて、同時にボウルを少しずつ回していくと効率的に混ぜられます。

❽ ❼の作業を続けていると、中力粉が少しずつバター生地になじんでいく。

◆ 最後まで練り混ぜないようにしましょう。

❾ 中力粉の白い色が少なくなってきたら、ボウルの側面に貼りついた生地もはがして均一に混ぜていく。

◆ この時はゴムべらを水平気味に持ち、生地の塊を切り崩すように動かします。粉気が残っている部分を真ん中に移していくと、均一に混ざりやすくなります。

❿ 写真は混ぜ終わり。

◆ 白い粉気が完全に消え、大粒のそぼろ状にまとまれば混ぜ終わりです。

⓫ そぼろ状のまま、ふんわりとラップで包むかビニール袋に入れて、平らにする。冷蔵庫で2時間ほどやすませて生地を締める。

◆ 硬い塊にするよりも、そぼろ状のままのほうが、あとで成形する際に練りやすく簡単です。

From Chef

そぼろ状にまとめる

そぼろ状でやすませるので、練るうちに手の熱が加わってより柔らかくなり、成形が簡単にできます。硬いところが残っているとのばす時に割れてしまうので、硬い部分を残さないように。使う時は必要量を取り、軽く練りながら筒形に成形していきます。

リコッタで作るチーズケーキ

トルタ・ディ・リコッタ
Torta di ricotta

イタリア南部

イタリアの代表的なベークドチーズケーキです。イタリアではチーズにリコッタを使うのが主流で、油脂分が少なくさっぱりとした味わい。シンプルなものは卵と砂糖を混ぜるくらいですが、ここではバターとレーズンも加え、少しリッチな味わいに仕立てています。また、レーズンのもどし方もポイントで、このひと手間でふんわり柔らかく、ぶどうのおいしさが感じられるようになります。下に敷くタルト生地を5mm前後に厚くし、生地のおいしさもしっかり味わうのもイタリアのタルトのスタイルです。

材料（口径18cmのマンケ型1台分）

パスタ・フロッラ（タルト生地→p.48）……350g
リコッタ……250g
全卵……100g
バター（食塩不使用）……90g
レーズン（サルタナ種）……80g
レモンの皮（すりおろしたもの）……2.5g（½個分強）
グラニュー糖……90g
塩……少量
バニラエッセンス……少量
はちみつ……3g
打ち粉（強力粉）……適量

特に用意する道具

めん棒、パイカッター、ハンドミキサー、ケーキクーラー

準備

- 卵を室温にもどし、溶きほぐす。
- バターを柔らかくする。
- リコッタをペーパータオルで包み、ざるにのせて重しをのせ、2〜3時間おいて余分な水分をきる。
- レーズンを沸騰した湯に入れ、再沸騰したら火を止める。10分ほどおいて柔らかくもどし、ざるにあける。
- オーブンを180℃に予熱する。

保存と食べごろ

ラップで覆って冷蔵で1週間。翌日以降が生地と詰めものがなじみ、食べごろ。

From Chef
タルトをきれいに切るコツ

温めた包丁で、最初に内側の詰めもの部分を切り、次に側面のタルト生地を切ります。タルト生地は真上から包丁を一気におろすと、崩れずきれいに切り分けられます。

ここに注目！
リコッタはしっかり水きりを

リコッタは非常に水分の多いチーズ。そのまま詰めものの生地に混ぜると水っぽくなり、チーズの濃厚な風味が薄れます。事前に水きりして「ざる豆腐」くらいの硬さにしてから使います。

トルタ・ディ・リコッタ

❶ パスタ・フロッラ（タルト生地）を適当な大きさの筒形に成形し、打ち粉をして転がす。台にも打ち粉をふり、生地を立てて置く。真上から手のひらで押しつぶして5cm厚さにする。
♦ 筒形にまとめてからつぶせば、簡単にきれいな円形にのばせます。

❷ 生地の上面にも打ち粉をし、めん棒で厚さ5〜6mmまでのばしていく。
♦ コツは生地を45度ずつ回転させながら、生地の真ん中をのばすようにすること。円形を保ちながら均一な厚さにのばせます。

❸ 型に生地をふわりとのせ、軽く押して型に貼りつける。
♦ この時、打ち粉が多くついている面を上にしてください。下にすると、食べる時に舌に粉が触れ、粉っぽく感じますから。

❹ 生地の周囲がたわむので、しわを均等に寄せるようにしながら、型の側面に生地を貼りつけていく。

❺ 底面と側面の境目は、側面の生地を内側に倒して折り目をつけてから、ピッタリと貼りつける。少しずつ折りながら一周する。もう一度、折り目と側面を交互に押しながら一周してしわをのばし、型に密着させる。

❻ 型の縁の数mm下にパイカッターを当てて一周し、余分な生地を切り取る。もう一度、側面を指で押しながら一周して形を整える。

❼ ペティナイフの刃先で生地を7〜8カ所刺し、空気穴を作る。台に型をトントンと落として型と生地の間にある空気を抜く。ラップをかけずに、冷蔵庫で1時間ほどやすませる。

❽ 詰めものを作る。ボウルにバターを入れ、ゴムべらで練る。レモンの皮とグラニュー糖、塩を加えて、さらによく混ぜる。
♦ バターが冷たいと卵と混ぜる際に分離して、生地が粗くなります。冷たい場合は電子レンジで28℃前後に温めましょう。

❾ バターが少し白くなってきたら、ハンドミキサーに替え、高速で真っ白になるまで攪拌する。
♦ 卵の分量が多いレシピは、バターと卵を合わせた時に分離しやすくなります。分離しないようにしっかりたっぷり空気を含ませます。

❿ ハンドミキサーで攪拌しながら、卵を少量（大さじ1ほどが目安）ずつ加えて混ぜる。

◆ 少量ずつ加えるほうが分離しにくくなります。

⓫ 写真はほぼ混ぜ終わり。

◆ 攪拌するうちに生地が広がり、周辺部に羽根が当たりにくくなります。途中で1〜2回、ゴムべらでボウルの側面の生地をぬぐい落として、全体が均一に混ざるようにしてください。

⓬ 水切りしたリコッタを入れ、ハンドミキサーの低速で混ぜ合わせる。

◆ リコッタの白色が生地になじんで消えるくらいを目安に混ぜます。

⓭ ボウルの側面にはねた生地をゴムべらでぬぐい落とし、混ぜてなめらかにする。バニラエッセンスとはちみつを加えて混ぜる。

⓮ もどしたレーズンをペーパータオルで挟んで、水分をしっかり取り除く。

◆ 水分が残っていると生地が水っぽくなるので、しっかり除きましょう。ペーパーに広げることで、小枝や傷んだレーズンを除くこともできます。

⓯ レーズンを⓭の生地に加えて、均等に広がる程度にザックリと混ぜる。これで詰めものは出来上がり。

⓰ ❼に⓯を流し入れる。8割ほど入れたら中心にくぼみを作り、レーズンが入っていない生地を詰めるようにして、全量を入れる。

◆ 中心にレーズンがあると、切り分ける時に引っかかり、生地が崩れやすくなります。

⓱ 表面をゴムべらで平らにならし、台にトントンと落として空気を抜く。

⓲ 180℃に予熱したオーブンで35分焼き、前後を入れ替え、150℃に落として15分焼く。ケーキクーラーにのせて粗熱をとる。

◆ 全面に香ばしい焼き色がつくまで焼きましょう。

口溶けのよいシンプルなタルト
トルタ・サッビオーサ
Torta sabbiosa

サッビオーサは「砂のようにもろい」という意味で、その名前のとおりに、口に含むとほろほろと崩れる口溶けのよいケーキ。材料はいたってシンプルで、粉、バター、卵、砂糖の基本材料だけ。素朴なバターケーキですが、スポンジ生地のように最初に卵をよく泡立て、軽くてもろい生地に仕上げます。また、通常は片栗粉と小麦粉を1：1で合わせますが、ここでは片栗粉100％にして、よりキメが細かくはかない口溶けにしています。片栗粉と小麦粉の配合はお好みで。その中間の7：3くらいにしてもおいしいですよ。

材料（口径18cmのマンケ型1台分）
バター（食塩不使用）……85g
全卵……75g
グラニュー糖……125g
塩……ふたつまみ
片栗粉……185g
ベーキングパウダー……0.5g
バニラエッセンス*……少量
粉糖（仕上げ用）……適量
打ち粉（強力粉）……適量

*バニラエッセンスはバニラオイル、またはバニラパウダーで代用してもよい。

特に用意する道具
ハンドミキサー、ケーキクーラー

準備
- 卵を室温にもどす。
- オーブンを170℃に予熱する。
- 湯せん用の湯（30℃）を沸かす。
- バターを4～6等分に切る。

保存と食べごろ
密閉容器に入れて2週間。
当日からおいしく食べられる。

湯せんにかけて混ぜる
グラニュー糖とバターは卵の生地に混ざりにくいので、湯せんにかけながら作業し、バターは通常よりも柔らかいペースト状にして加えます。このなめらかな生地が、ほろほろの焼き上がりにつながります。

トルタ・サッビオーサ

❶ マンケ型にバター少量（分量外）を塗り、打ち粉用強力粉を少量のせる。型をふって薄く、均一にまぶしつける。

◆ 生地は型の高さの半分くらいまでしか膨らまないので、バターと強力粉も半分の高さまでまぶしてあれば充分です。

❷ バットに湯せん用の湯を張り、ボウルをおく。全卵、グラニュー糖、塩を入れて、ハンドミキサーの高速で泡立てる。

◆ グラニュー糖の量が多く溶けにくいので、湯せんにかけて温めながら泡立てます。

❸ 生地に柔らかなとろみが出るまで泡立てる。

◆ 最初は硬めのクリーム状ですが、次第にとろりとしてきます。数字の8の字を書きながら垂らした時に、すぐに筋が消えるようになれば泡立ては終わりです。

❹ バターをビニール袋か容器に入れて電子レンジに様子を見ながら10秒ずつかけ、柔らかくする。

◆ 通常の柔らかいバターよりもさらに柔らかく、クリームのようにとろりとさせて生地に混ぜやすくします。完全には溶かしません。

❺ バターを❸の卵の生地に入れ、==ハンドミキサーの低速で少しずつ卵の生地と混ぜていく。==

❻ 充分に空気を抱き込んだ柔らかいクリーム状になるまで撹拌する。最後にバニラエッセンスを加えてひと混ぜする。

◆ ここで湯せんからはずします。

❼ 片栗粉、ベーキングパウダーを別のボウルに合わせ、スプーンなどでよく混ぜる。

❽ ❼の半量をふるいながら❻の生地に加える。

◆ 一度に全量の粉を入れると、混ぜた時に容器からあふれるので半量ずつ混ぜていきます。

❾ ==ゴムべらでまっすぐに切りながら、==バター生地と粉類を混ぜていく。

<mark>粉気が少し減ってきたら、生地をすくい上げるようにして混ぜる。</mark>

◆ ぐるぐるとかき混ぜるのではなく、すくいます。粉の白い色が完全に見えなくなるまで混ぜ続けます。片栗粉はグルテンができないので、しっかり混ぜても大丈夫。

残り半量の粉をふるいながら加え、❾〜❿と同様に混ぜる。

生地の混ぜ終わり。全体がなめらかになり、白い粉が見えなくなればよい。

用意した❶の型に生地を詰め、表面をゴムべらで平らにならす。天板にのせ、170℃のオーブンで40分焼く。

◆ 生地をさわりすぎるとふっくらした焼き上がりにならないので、軽くなでる程度で。生地の量は型の1/3程度の高さ。

おいしそうな焼き色がつけば焼き上がり。取り出してケーキクーラーにのせ、粗熱をとる。生地と型の間にナイフを差して一周し、型からはずす。器に盛り、粉糖を茶こしでたっぷりふる。

From Chef

軽さが出る片栗粉

イタリア菓子では片栗粉（じゃがいもでんぷん）を、フランス菓子ではコーンスターチ（とうもろこしでんぷん）をよく使います。片栗粉のほうがお菓子にした時の生地の浮きがよく、軽く仕上がります。イタリア人は、古くから現代人も好む味を楽しんでいたようです。

同じバターケーキでも、パウンドケーキに比べてキメが細かく、ほろほろと崩れるもろさが魅力。

ボロボロに砕けるアーモンドのタルト
トルタ・ズブリゾローナ
Torta sbrisolona

ロンバルディア州
マントヴァ、クレモナ

ぱっと見ると硬そうですが、手で割ると簡単に砕ける、もろい生地のトルタ（ケーキ）です。菓子名の「ズブリゾローナ」は、まさにボロボロに砕けたことを示すイタリアの言葉で、切るのではなく手で砕きながら食べます。材料はとうもろこしの粉や粗刻みのアーモンド、小麦粉、ラードなどで、これらを練り合わせて薄めに焼くと、クリスピーでワイルドな食感が生まれます。イタリアのものはボソッとした歯ごたえと素朴でひなびた風味ですが、ここでは食感をガリッと力強く、風味も洗練されたものにしています。

材料（直径15cmの丸型2台分）
バター（食塩不使用）……50g
ラード*1……25g
グラニュー糖……75g
レモンの皮（すりおろしたもの）……4g（1個分）
卵黄……1個分
とうもろこし粉（粗挽き）……62g
中力粉……125g
ベーキングパウダー……2.5g
アーモンドA（皮付き。ホール）……50g
粗塩……少量
アマレット*2……適量
アーモンドB（仕上げ用。皮付き。ホール）……26個

*1 ラードを使わず、バターのみ（75g）にしてもよい。
*2 アーモンド風味のイタリアのリキュール。

特に用意する道具
ケーキクーラー、刷毛

準備
- 卵黄を室温にもどす。
- バターを柔らかくする。
- アーモンドAを180℃のオーブンで10分間弱ローストする。
- オーブンを180℃に予熱する。

保存と食べごろ
密閉容器に入れて1週間。
当日からおいしく食べられる。

ここに注目！
菓子にもラードを使う

ひと時代昔のイタリア北部では、バターが贅沢品であったことから、油脂といえば安価で手に入れやすいラードが一般的で、料理にも菓子にも使われていました。ズブリゾローナにラードを入れるのはその名残。最近はバターの比率が多くなり、バターのみで作るレシピも増えていますが、ラードを使ったほうがボソボソした食感は強調されます。

トルタ・ズブリゾローナ

❶ ローストしたアーモンドAを包丁で粗く刻む。

◆ 大きさを揃える必要はありません。大小さまざまあったほうが、食感に変化がついておもしろいです。

❷ ボウルにバター、ラード、グラニュー糖、レモンの皮を合わせ、ゴムべらですり混ぜる。

◆ バターとラードがひとつにまとまり、色が均一になるまで混ぜます。

❸ 卵黄を加え、均一になじむまで混ぜる。

❹ とうもろこし粉を一度に加える。

❺ 生地全体に広がるように混ぜる。

❻ 中力粉とベーキングパウダーをボウルで混ぜ合わせ、ふるいながら❺に加える。

❼ 続けて❶のアーモンドを加える。

◆ 粉類を先に生地に混ぜてしまうと、アーモンドを加えてもうまく混ざりません。粉とアーモンドを同時に混ぜるのが、きれいになじませるためのポイントです。

❽ ==ゴムべらで切ったり、こすりつけたりしながら材料同士をよくなじませる。==

◆ この生地は練ってもかまわないので、丁寧になじませます。

❾ 生地の混ぜ終わり。ボロボロとしているが、粉の白い色が見えなければよい。

◆ もろく崩れる生地で、均質な塊にはまとまりません。

⑩ 型に入れる。

◆ 生地に油脂が多く含まれているので、型に油脂を塗っておく必要はありません。

⑪ 生地を入れたら、指先でしっかりと押さえつけながら広げる。

◆ 平らにしただけでは焼き上がりがバラバラに崩れるので、軽く生地を固めてください。手のひらではなく、指先で不均一に固めたほうが食感に変化が出ます。

⑫ アーモンドBをバランスよく埋め込む。

◆ のせるだけでは落ちるので、軽く埋め込みます。このアーモンドは焼成中にじかに火が入るので、あらかじめローストしておかなくて大丈夫。

⑬ 粗塩を全体にふる。

◆ これは私のオリジナルな味つけ。かすかな塩気がアクセントになって味が締まり、アーモンドの風味も増します。

⑭ 180℃に予熱したオーブンで20分ほど焼く。取り出して型ごとケーキクーラーにのせる。

⑮ 熱いうちにアマレットを刷毛で塗り、粗熱をとる。

From Chef

コーンの挽きが決め手

市販のとうもろこし粉には粗挽きと細挽きの2種類があり、どちらを使うかで食感はかなり変わります。今回のレシピはすべて粗挽きを使って、ジャリジャリした食感を強めています。店では粗挽きと細挽きを同量で合わせていますが、そうすると歯ごたえも風味の出方も複雑になります。

✦ 秋には ぶどうゼリーとともに ✦

現地では、ズブリゾローナを「スーゴリ」と呼ばれるぶどうゼリーと一緒に食べることが伝統になっています。このスーゴリは北イタリアの秋のぶどうの収穫祭で作られることが多いもので、ぶどう果汁を搾って熱し、小麦粉をつなぎにして固めて作ります。スーゴリだけを単独で食べることももちろんありますが、ズブリゾローナとはよい相性ですよ。

イタリアのフルーツケーキ

プラムケーク・クラッシコ

Plumcake classico

イタリア全土

レーズンとフルーツの砂糖漬け入りパウンドケーキを、日本ではフルーツケーキと言いますが、イタリアではプラムケークと呼びます。作り方はほぼ同じですが、材料の使い方に少し違いがあります。一般的にはバター、粉、砂糖、卵が同割ですが、イタリアでは小麦粉のほかに片栗粉を入れたり、砂糖に粉糖を使ったりと、キメが細かく口溶けのよいものが多いです。ここでは私の修業先のレシピに沿ってアーモンドパウダーを加え、卵黄も多めに加えて、軽くてリッチな味わいのものをご紹介します。

材料（18×8×高さ6.5cmのパウンドケーキ型2台分）

バター（食塩不使用）……110g
粉糖……125g
塩……1g
全卵……50g
卵黄……75g
アーモンドパウダー……25g
中力粉……100g
片栗粉……25g
ベーキングパウダー……2g
レモンの皮（すりおろしたもの）……10g（2.5個分）
バニラエッセンス……少量
レーズン……100g
フルーツの砂糖漬け（市販）……200g

特に用意する道具

小鍋、ハンドミキサー、クッキングペーパー、ケーキクーラー、竹串

準備

- 全卵と卵黄を室温にもどし、合わせておく。
- バターを柔らかくする。
- オーブンを180℃に予熱する。
- 型の内側にクッキングペーパーを敷く。

保存と食べごろ

密閉容器に入れて2週間。当日から食べられるが、3日目以降からおいしくなり、1～2週間後がおいしさのピーク。

ここに注目！

分離しない生地作り

バターケーキは、バターと卵の分離に注意します。バターと混ざらなかった卵の水分は、続いて加える粉類とすぐに結びつき、グルテンが作られます。そうすると、その後なめらかになるまで混ぜても、仕上がりはボリュームのない硬い生地になり、舌ざわりも悪くなります。バターと卵の温度を近づけ、少しずつ材料を加え、丁寧に攪拌することが分離を防ぐポイントです。

プラムケーク・クラッシコ

❶ レーズンを沸騰した湯に入れ、再沸騰したら火を止めてしばらくおき、柔らかくもどす。

❷ ふやけてきたらざるにあけ、布巾で挟んで水分をしっかりと除く。枝やゴミも取り除く。

◆ 一粒つまんでみてください。このひと手間で、レーズンはふっくらもどり、みずみずしくなりますよ。

❸ ボウルにバターとレモンの皮を入れ、ハンドミキサーの低速で混ぜる。

◆ 高速で回すとバターが飛び散るので、最初は低速で静かに混ぜます。レモンの皮がバターに混ざり込めばOKです。

❹ 粉糖と塩を加え、同様に低速で、なめらかになるまでしっかり混ぜる。

◆ 粉糖を使うと、グラニュー糖の場合より生地のキメが細かく、しっとりします。また、バターに混ざりやすく、空気をしっかり抱くので生地が分離しにくくなります。

❺ 色が均一になったら、ハンドミキサーを高速にする。生地の色が白みを帯び、羽根の跡が筋状にしっかり残るまで混ぜる。

◆ 混ぜ終えたら、ボウルの側面に広がった生地をゴムべらでなぞって集めます。

❻ ハンドミキサーの高速で生地を混ぜながら、合わせた卵を少しずつ加え混ぜ込んでいく。混ざったら次の卵を入れる。

◆ 卵が冷たいと、バターが冷えて油脂分と水分に分離しやすくなります。必ず室温で。

❼ 再び、生地に羽根の跡が筋状に残るまで混ぜ、最後にバニラエッセンスを加えてさっとひと混ぜする。

❽ アーモンドパウダーを目の粗いこし器でふるいながら加える。

❾ ゴムべらで切るように混ぜ、なじんできたら、後半は生地をすくいながら混ぜ合わせていく。

◆ 生地は練り混ぜないように。すくい上げる動作を続けるだけできれいに混ざっていきます。

❿ 中力粉、片栗粉、ベーキングパウダーを別のボウルに入れ、泡立て器でよく混ぜる。ふるいながら❾に加え、ゴムべらで切るように混ぜる。
◆ 中力粉を加えたら、特に練り混ぜないように注意します。

⓫ 粉気が少なくなってきたら、混ぜ方を変える。今度は生地をすくって手首をかえすようにし、なめらかになるまで混ぜる。
◆ 写真はほぼ混ぜ終わりの状態です。

⓬ ❷のレーズンと、フルーツの砂糖漬けを加える。フルーツの塊をほぐしながら混ぜて均一に生地に広げていく。

⓭ 混ぜ終わった生地。レーズンと、フルーツの砂糖漬けがまんべんなく混ざっていればよい。

⓮ ゴムべらで生地をすくい、用意した型に詰める。台にトントンと数回力強く落として表面を平らにならし、型の中の空気を抜く。

⓯ 生地の中心に縦にくぼみを作ってから、天板にのせて180℃のオーブンで35分焼く。型の前後の向きを入れ替え、150℃に下げて10分焼く。

⓰ 生地の中心に竹串を刺して、焼き加減を確認。湿った生地がついてくればさらに数分焼き、ついてこなければ焼き上がり。また、生地の中央の裂け目まで焼けているかどうかも確認する。

⓱ すぐに型から取り出し、ケーキクーラーにのせて紙をふわりとかぶせて粗熱をとる。ラップで包み、冷蔵庫でやすませる。

From Chef

おいしい厚さ

当日は生地がふんわりしていますが、冷蔵庫で1〜2日ねかせるうちにしっとりして、味がなじんできます。切る厚さは1.5cmがおすすめ。もっとも旨みを感じやすい厚さです。そのまま食べるのがいちばんですが、表面にシロップやリキュールを塗ったり、粉糖をかけてもおいしいです。

ポレンタ風バターケーキ

アモール・ポレンタ

Amor polenta

ロンバルディア州
ヴァレーゼ

とうもろこしの粉を湯で練って作るポレンタは、イタリアの北部では主食だった時代もあるほど、古くから生活に密着した料理です。そのせいか、菓子にもとうもろこし粉を使ったものは多く、アモール・ポレンタも代表的なひとつ。「愛するポレンタ」の意味の通り、ポレンタ好きの北部の人々に長く愛されてきたお菓子です。ふわっと香るバターに、とうもろこし粒のカリカリとした粒感がおいしさのポイント。とうもろこし粉と小麦粉を同じくらい合わせて、バターケーキと同じ製法で作ります。

材料 (長さ30cm、容量1100mℓのレーリュッケン型1台分)

バター (食塩不使用)……65g
発酵バター (食塩不使用)……65g
粉糖……130g
塩……1g
全卵……80g
卵黄……60g
とうもろこし粉 (粗挽き)……100g
中力粉……80g
ベーキングパウダー……1.5g
バニラエッセンス*1……少量
ストレーガ*2……25g
バター (型用。食塩不使用)……適量
とうもろこし粉 (型用。粗挽き)……適量
粉糖 (仕上げ用)……適量

＊1 バニラエッセンスはバニラオイル、またはバニラパウダーで代用してもよい。

＊2 ストレーガはバニラやサフランなどのスパイスで風味をつけた黄色いリキュール。手に入らない時は他のリキュールで代用してもよい。

特に用意する道具

刷毛、ハンドミキサー、ケーキクーラー

準備

● 全卵と卵黄を室温にもどし、混ぜ合わせる。
● バター (2種類) を柔らかくする。
● オーブンを190℃に予熱する
　(型が大きい場合は、焼成温度より10℃高く予熱する)。

保存と食べごろ

ラップで包み、密閉容器に入れて2週間。作りたては、ふんわりした柔らかな食感とリキュールの香りが楽しめるが、食べごろは風味がなじんでくる翌日から。

ここに注目!

レーリュッケン型が決まり

アモール・ポレンタはレーリュッケン型で焼くのが基本です。トヨ型 (トユ型ともいう) の一種で、波形の凹凸のある半円柱形が特徴。ドイツ語で「のろ鹿の背」の意味で、ドイツ・オーストリア菓子の影響を受けている北イタリアには、この型で焼く菓子がいくつかあります。入手できない時はパウンド型でどうぞ。

器／ヴェール

アモール・ポレンタ

❶ 型に刷毛でバター（型用）を塗る。

◆ このバターは、溶かしたものを冷蔵庫で1日おいて固め、底にたまった水分を捨て固まった油脂分だけを電子レンジで溶かしたもの。皮膜の力は少し弱くなりますが、クリーム状に柔らかくした通常のバターや澄ましバターでもよいです。

❷ 10分ほどおいてから、2度目のバターを塗る。室温で最低2時間、できれば6時間おいて、==しっかりした油脂の皮膜を作る==。

◆ まんべんなく塗れるように、2回塗ります。柔らかいバターや澄ましバターの場合は塗ってすぐに使えます。

❸ 型用のとうもろこし粉を入れ、型を揺らしてバターの皮膜の上に薄く、均一にまぶす。

◆ 紙を広げた上で行い、型の縁までまぶします。両端の面はまぶさないようにします。

❹ ボウルに2種類のバターと粉糖、塩を入れ、==ハンドミキサーの羽根で軽く混ぜる==。

◆ すぐに電源を入れて攪拌すると粉糖が飛び散るので、最初にオフの状態で混ぜてなじませます。また、バニラエッセンスやオイルを使う場合は、ここで入れてください。

❺ ハンドミキサーの高速で混ぜる。

◆ 均一に混ざるよう、ハンドミキサーを動かしながら攪拌します。中心部が集中的に混ざりやすいので、周りの生地の色と違ってきたらゴムべらで周りの生地を落とし、中心部と合わせて均一にしてください。

❻ 写真のように、全体が真っ白の生地になれば混ぜ終わり。

◆ 粉糖を使うと、グラニュー糖の場合より生地のキメが細かく、しっとりします。また、バターに混ざりやすく、空気をしっかり抱くので、生地が分離しにくくなります。

❼ 続けてハンドミキサーを高速で回しながら、==卵を少量ずつ垂らして混ぜる==。

◆ ここでも均一に混ざるように注意を払いましょう。中心が卵の水分を吸収しにくくなったら、周りのバター生地を集中的に攪拌して卵を混ぜていきます。

❽ 最後にバニラエッセンスを加えてひと混ぜし、バター生地と卵がきれいにつながったら混ぜ終わり。

❾ とうもろこし粉を加え、ゴムべらで生地をすくいながら均一に混ぜる。

◆ とうもろこし粉は、ふるわなくてOK。中力粉を入れる前にとうもろこし粉を混ぜておくと、生地中の水分を吸収してくれるので、小麦粉のグルテンが形成されにくく安定した生地になります。

❿ とうもろこし粉の黄色い粒が見えなくなれば混ぜ終わり。

⓫ 中力粉、ベーキングパウダーを別のボウルで混ぜ合わせ、ふるいながら❿に加える。

⓬ 最初は==ゴムべらで一方向に切るように混ぜ==、少しなじんできたら==生地をすくいながら混ぜ合わせていく==。
◆ 生地は練り混ぜないように。すくい上げる動作を続けるだけできれいに混ざっていきます。

⓭ 粉気がなくなれば、混ぜ終わり。

⓮ ストレーガをゴムべらで受けながら加え、生地をすくいながら混ぜる。
◆ 液体を直接生地に垂らすと、一カ所に集中的に混ざってしまうので、ゴムべらにあてて回しかけ、均一に混ぜ合わせます。

⓯ 準備した❸の型に生地を流し入れる。

⓰ 表面を平らにならした後、中央に切り目を入れるようにくぼませる。

⓱ 天板にのせて190℃に予熱したオーブンに入れ、180℃で30分焼く。型の前後を入れ替え、170℃に下げてさらに5分焼く。写真が焼き上がり。ケーキクーラーにのせて、5分ほどおいて粗熱をとる。

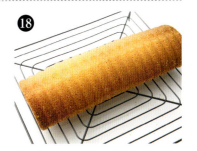

⓲ 型の側面を強く叩いて型からはずし、裏に返してケーキクーラーに置く。紙をかぶせて完全に冷ましてから、両端を薄く切り落とす。中央に長い定規を置いて粉糖を茶こしでふるいながらかけ、定規をはずす。

チョコがけベビーシュー

プロフィテロール

Profiteroles

イタリア全土

ミニサイズのシュークリームを積み上げ、チョコレートソースをかけたのがプロフィテロール。もとはフランスから持ち込まれましたが、今ではイタリアの伝統菓子に数えられています。シューに詰めるのは、イタリア人の大好きなホイップクリームが主流。お好みでカスタード、チョコレートなどの各クリームにアレンジもできます。今回はチョコレートソースをかける方法ではなく、つやのあるガナッシュでシューをまるごとコーティングする、ローマっ子好みのデコレーションを紹介します。

材料（約75個分）

◎パスタ・ビニェ（シュー生地）

牛乳……100g
水……100g
塩……4g
グラニュー糖……8g
バター（食塩不使用）……90g
中力粉……110g
全卵……170g

◎ホイップクリーム

生クリーム（乳脂肪分35%）……350mℓ
グラニュー糖……28g

◎ガナッシュビター（作りやすい分量）

生クリーム（乳脂肪分35%）……100mℓ
シロップ*1……30g
水あめ……60g
パータ・グラッセ（黒）*2……180g
ビターチョコレート（カカオ分70%）……60g

ミントの葉（飾り用）……適量

*1 シロップは水35gとグラニュー糖25gを合わせて火にかけて溶かし、冷ます。指定の分量を計量して使う。

*2 パータ・グラッセはカカオバターを含まない砂糖入りのチョコレート。

特に用意する道具

小鍋、抜き型（直径3cmの筒形）、
オーブンシート、絞り袋3個、
丸口金（シュー生地用：口径10～11mm、9番、または10番、
ホイップクリーム用：口径6～8mm、6番、または7番）、
星口金（10切、口径16.5mm、10番）、霧吹き、
ケーキクーラー、ハンドミキサー

準備

• 卵を室温にもどし、溶きほぐす。
• バターを柔らかくする。
• 天板にオーブンシートを敷く。
• 絞り袋に3種類の口金をセットする。
• 中力粉をふるう。
• パータ・グラッセを包丁で細かく削る。
• オーブンを200℃に予熱する。

保存と食べごろ

焼いた生地は密閉容器に入れて1週間。冷凍も可。クリームを詰めたものは当日中に食べきる。

器／ヴェール

プロフィテロール

❶ パスタ・ビニェ（シュー生地）を作る。鍋に牛乳、水、塩、グラニュー糖、バターを入れて弱火にかける。

❷ バターが溶けたことを確認してからいったん沸騰させ、火を止める。

◆ バターをかき混ぜたりせず、静かに溶かし、沸騰させてください。

❸ 火を止めたらすぐに中力粉を入れ、ゴムべらで混ぜる。粉の白い色が見えなくなるまで混ぜる。

❹ 弱火にかけ、水分をとばしながらゴムべらで練る。

◆ 生地を温め、小麦粉の糊化を進めることで、焼いた時に生地がきれいに膨らみます。鍋底に薄膜が張り、生地の表面がしっとりまとまってくるのを目安にしましょう。

❺ ❹の生地をボウルに移し、卵の半量を入れる。ボウルを回転させ、ゴムべらを立てて一方向に手早く往復させながら生地を切るように混ぜる。

◆ 鍋に直接卵を入れるとすぐに卵が煮えてしまうため、ボウルに移します。かき混ぜても混ざらないので、切ることに徹します。

❻ 卵の水分が生地になじんで見えなくなったら、ゴムべらの面を当てながら軽く練る。

❼ 残りの卵の半量を入れ、❺と同様に切り混ぜる。水分がなじんだら、残りの卵を大さじ2ほどボウルに残して加え、切り混ぜる。

◆ 卵を全て入れてしまうと後戻りできないので、後半は状態を見ながら卵を少しずつ加えます。

❽ 生地をすくった時に、きれいな三角形に垂れ、ぶらさがれば混ぜ終わり。

◆ 三角形でも縁がギザギザに切れていたり、途中でブツッとちぎれたりする場合は卵が足りません。逆にトロトロに流れるのは入れすぎ。ベビーシューは、通常のシューよりやや柔らかめが適しています。

❾ 残した卵で生地の柔らかさを調整し、ラップをかけておいておく。

◆ シュー生地は乾燥しやすいので、少しでも間があく時は放置しないよう注意します。

❿

筒形の型の縁に中力粉（分量外）をつけ、天板に敷いたオーブンシートに押しつけて輪の跡を残す。

◆ 輪と輪の間隔は2cmほどあけてください。輪の内側に絞り出せば、一定量のシュー生地がきれいに絞れます。

⓫

シュー生地用丸口金をつけた絞り袋に❾の生地を入れ、==❿の輪の内側に絞り出す==。

◆ 絞り出しの最後に、頂点部分に突起ができると美しさに欠けます。絞り袋を小さく回して生地を切り離せばできません。または水をつけた指先で軽く押さえてもOK。

⓬

霧吹きで全体にさっと水をかけたのち、200℃に予熱したオーブンで15分焼き、180℃に下げて5分焼く。焼き上がったら天板からはずし、ケーキクーラーにのせて粗熱をとる。

◆ シュー生地はでんぷんが糊化して乾燥しやすいので、水をかけてから焼きます。

⓭

ガナッシュビターを作る。鍋に生クリーム、シロップ、水あめを入れて弱火にかける。水あめが溶けてきたらゴムべらで混ぜ、沸騰させる。

⓮

火を止め、ビターチョコレートを入れて軽く混ぜる。完全に溶ける前にパータ・グラッセを加え、混ぜる。

⓯

パータ・グラッセが完全に溶けるまでよく混ぜ、つやが出てくればOK。

⓰

ホイップクリームを作る。ボウルに生クリームとグラニュー糖を入れ、ひとまわり大きいボウルに氷水を入れて、その上にのせ、ハンドミキサーの高速で泡立てる。角がほぼまっすぐに立つくらいの九分立てにする。

⓱

⓬のシューの底の中心に、菜箸などで穴をあける。絞り袋に⓰のホイップクリームを入れ、穴から絞って詰める。

◆ 最初に、口金の先が入る大きさに穴をあけておきましょう。1個にホイップクリーム4〜5gを詰めます。はみ出したクリームは指でぬぐって除いてください。

⓲

⓱のシューを1個ずつフォークで支えて⓯のガナッシュビターに沈めてコーティングし、器に盛る。⓰の残りのホイップクリームを星口金で絞って飾り、ミントの葉を添える。

◆ 写真は10個の3段重ね（6個、3個、1個）。少なくとも8個以上を重ねましょう。

きのこ形のベビーシュー
フンギ
Funghi

シュー生地は絞り方を工夫することでいろいろな形のお菓子に発展できます。よく作られるのは白鳥をかたどったスワンシューや、きのこの形に見立てたフンギ(イタリア語で「きのこ」の意)。ここではかわいいきのこのシューをご紹介しましょう。

材料（フンギ20個分）

◎パスタ・ビニェ（シュー生地）
  牛乳……100g
  水……100g
  塩……4g
  グラニュー糖……8g
  バター（食塩不使用）……90g
  中力粉……110g
  全卵……170g
カスタードクリーム（→p.81）……300g
◎ガナッシュ（作りやすい分量）
  生クリーム（乳脂肪分35%）……100mℓ
  シロップ……30g
  水あめ……60g
  パータ・グラッセ（白）……180g
  ホワイトチョコレート……60g
ココアパウダー……適量
粉糖……適量

※道具、準備はプロフィテロール（→p.70）を参照。

きのこの軸にするシューは絞り始めを太く、絞り終わりをごく細くして涙形に作る。

傘にするシューは、円形に平たく絞った後、絞り終わりを長く引っ張り、突起を作る。

❶ シュー生地をp.72の❶〜❾と同じように作る。

❷ シュー生地用の丸口金をつけた絞り袋に生地を入れ、オーブンシートを敷いた天板に絞り出す。きのこの軸にするシューは幅3cm、長さ4cmの涙形に絞る（a）。

❸ 傘にするシューは、直径3cm強に丸く、やや平たく絞り出す。絞り終わりを少し長く引っ張るようにして頂点に突起を作る（b）。

❹ p.73の⓬と同じようにオーブンで焼く。

❺ p.73の⓭〜⓯と同じようにして、白いガナッシュを作る。

❻ p.73の⓱〜⓲と同じようにして、すべてのシューにカスタードクリームを6〜7gずつ詰め、傘は❺のガナッシュでコーティングする。

❼ ❻のガナッシュの上にココアパウダーをふり、冷蔵庫で5分ほどおいて締める。下の縁についた余分なガナッシュをナイフでぬぐう。

❽ 軸のシューは丸みを帯びている側を軽くつぶして平らにし（立てられるようにする）、全体に粉糖をふる。

❾ 軸のシューのとがった部分を、傘のシューの裏側の穴（カスタードクリームを詰めたところ）に刺して立てる。

From Chef

あまったガナッシュの使い道

ガナッシュは多めに作るのであまりが出ます。冷蔵なら10日ほど保存でき、冷凍しても大丈夫です。使う時は電子レンジにかけて柔らかくもどします。そのままクッキーで挟んだり、ホイップクリームやカスタードクリームなどと混ぜてチョコレートクリームにしたりと、使い道はいろいろです。

イタリア版ショートケーキ

トルタ・ミモザ
Torta mimoza

イタリア全土

イタリアで「パン・ディ・スパーニャ（スペインのパン）」と呼ばれるスポンジ生地を層にし、カスタードクリームを挟んだだけの、シンプルなショートケーキ的存在のお菓子です。表面にも小さく切ったパン・ディ・スパーニャをちりばめ、黄色の花をつけるミモザに似ていることからトルタ・ミモザの名があります。ふわふわとした柔らかな食感がこのお菓子のおいしさ。生地に合わせて、基本のカスタードクリームにホイップクリームを3：1の割合で合わせたディプロマットクリームを挟み、軽やかに仕立てました。

材料（口径20cmのマンケ型2台分）
◎パン・ディ・スパーニャ（スポンジ生地）
- 中力粉……60g
- 片栗粉……60g
- ベーキングパウダー……1.5g
- 卵黄……150g
- 卵白……70g
- グラニュー糖……140g

型用のバターと打ち粉（強力粉）……各適量
◎ディプロマットクリーム
- カスタードクリーム（→p.81）……250～300g
- ◎ホイップクリーム
  - 生クリーム（乳脂肪分35%）……200mℓ
  - グラニュー糖……16g

◎マラスキーノ風味シロップ
- シロップ（準備参照）……50g
- マラスキーノ*1……25g
- 水……50g

ケーキクラム*2……少量
粉糖（仕上げ用）……適量

*1 マラスキーノはさくらんぼうが原料のイタリア産のリキュール。

*2 ケーキクラムは、クッキーやビスケットなどを細かく砕いたものでよい。

特に用意する道具
ハンドミキサー、ケーキクーラー、回転台、底鉄板、刷毛、パレットナイフ

準備
- 卵黄と卵白を室温にもどす。卵黄をむき出しのままおくと、表面に膜が張って硬くなるのでラップをかけておく。
- カスタードクリームを作る（→p.81）。
- シロップは水30gとグラニュー糖20gを合わせて火にかけて溶かし、冷ます。マラスキーノと分量の水50gを加える。
- 中力粉、片栗粉、ベーキングパウダーを合わせ、よく混ぜてからふるう。
- オーブンを180℃に予熱する。

保存と食べごろ
ラップで覆って冷蔵庫で2日間。当日中に食べきるのがベスト。組み立てて、冷蔵庫で2時間以上ねかせてからが食べごろ。

トルタ・ミモザ

❶ 型にバターを薄く塗り、強力粉少量をのせて型を左右にふりながらまぶす。あまった分は除く。

◆ フッ素樹脂加工の型でも、生地が簡単にはずれるように、型の縁から1cm下までを目安に塗ります。バターが厚いと生地の表面が粗くなるので薄く塗りましょう。

❷ メレンゲを作る。ボウルに卵白を入れ、ハンドミキサーの高速で泡立てる。空気を少し含んだら、グラニュー糖の1/3量を加えて泡立て続ける。

❸ 残りのグラニュー糖を2回に分けて加え、==角がまっすぐに立つボリュームのあるメレンゲを作る。==

◆ 卵白につやが出てきた時が、次のグラニュー糖を入れるタイミングです。仕上がりはずっしりと重く、時間をおいてもつぶれないメレンゲを目指します。

❹ 卵黄を全量加え、ハンドミキサーの高速で続けて泡立てる。

◆ 全卵をそのまま泡立てて作る生地もありますが、ここでは卵白と卵黄に分けて時間差をつけて泡立てる方法を紹介。このほうが時間もかからず、しっかりと気泡が立ちます。

❺ メレンゲに卵黄がなじみ、==ふんわりとしたボリュームが出てくるまで==泡立てる。

◆ 混ぜ始めは一度生地が沈みますが、再びボリュームが出てきます。また、途中でボウル側面に広がった生地をゴムべらでぬぐい落とし、全体を均一に混ぜてください。

❻ ふるった粉類を全量入れる。ゴムべらで切りながらすくい上げて、粘りを出さないように混ぜる。

◆ 白い粉が消え、つやが出てくれば混ぜ終わりです。約40回を目安に。イタリアのスポンジ生地は、粉の半量に片栗粉を使うので、さっくりした軽さが出ます。

❼ 準備した❶の型に流し入れ、台の上で軽くトントンと2〜3回落として空気を抜き、表面を平らにならす。

❽ 180℃に予熱したオーブンで20分ほど焼く。きれいな焼き色がつけばよい。

◆ 焼成中にオーブンの扉を開けると、中の温度が下がり、生地が沈んで焼き上がりの食感がネチャッとしてしまいます。時間を守り、途中で焼き色が強ければ温度を下げ、逆に白ければ上げましょう。

❾ すぐに型の側面をトントンと叩いて生地を型からはずし、裏返しでケーキクーラーにのせる。むき出しのまま、水分をとばしながら粗熱をとる。

⑩ ディプロマットクリームを作る。作っておいたカスタードクリームを、<mark>ゴムべらで軽く練って柔らかくする</mark>。

◆ カスタードクリームは極端に柔らかく練らず、塊がポタッと落ちる硬さに整えてください。

⑪ ボウルに生クリームとグラニュー糖を入れ、ひとまわり大きいボウルに氷水を入れてその上にのせ、ハンドミキサーの高速で泡立てる。角がまっすぐに立つ、十分立てのホイップクリームにする。

⑫ ⑩に、⑪のホイップクリームの半量を3回に分けて加え、そのつど切るように混ぜる。これでディプロマットクリームの出来上がり。

◆ ホイップクリームは約30gずつ加え、泡をつぶさないようにやさしく混ぜ合わせます。

⑬ ⑨のパン・ディ・スパーニャの上面と底面を薄く切り落とす。

◆ 焼き色のついた部分を切り落とします。側面はそのままですが、自然にはがれるところがあっても問題ありません。

⑭ 残った生地を、水平に同じ厚さの3枚に切り分ける。

◆ 最初に上から1/3のところで切り(この1枚はのせたままでも、はずしてもOK)、残りを半分の厚さに切ります(切り方はp.122)。

⑮ 回転台の上に底鉄板やまな板などを置き、ケーキクラムを少量散らす。

◆ ケーキクラムを敷いておくと、完成後に底鉄板からはがしやすくなります。

⑯ 直径のいちばん大きい生地を置き、準備したマラスキーノ風味シロップを刷毛で塗る。

◆ 1枚目は軽く全体にしみ渡らせます。周囲が乾きやすいので、重点的に塗りましょう。以降も周辺部はしっかり塗ってください。

⑰ ⑫のディプロマットクリームの半量強を生地の中心にのせ、パレットナイフで<mark>外側に向かって塗りのばす</mark>。

◆ ドーム状に仕上げるので、クリームは山高に塗り、縁はごく薄くします。パレットナイフの位置を固定し、回転台を回すときれいにのばせますよ。

⑱ 真ん中の大きさの生地を重ね、周囲を手のひらでトントンと軽く押さえて下の生地と密着させる。⑯と同様にシロップを刷毛で塗る。

◆ 2回目のシロップは、手で生地を触った時にしっとりした感覚がはっきりわかるように、思い切りよく多めに塗りましょう。

p.80に続く →

トルタ・ミモザ

⑰で残ったディプロマットクリームの2/3量を真ん中にのせ、同様に外側に向かって塗りのばす。
◆ ここも山高になるように塗ります。

3枚目の生地を重ね、縁をそろえて手のひらで押さえる。シロップは残りをすべて塗る。ラップをかぶせ、手のひらで押さえながら美しいドーム状に整える。

⑲で残ったディプロマットクリームと、⑫で残ったホイップクリームを2:1で混ぜて柔らかなクリームにする。⑳の生地の真ん中に置き、外側にのばしながら塗る。冷蔵庫で1時間やすませてクリームを締める。

上にかける飾りを作る。もう1台のパン・ディ・スパーニャを端から8mm幅に切り分ける。それぞれ、上下と側面の焼き色のついた面を切り落とす。
◆ 6割程度を飾りつけに使い、残った生地は自由に楽しみましょう。

斜めになっている部分も切り落としてまっすぐになるように整える。8mm角の細長いスティック状にしてから、8mm角になるように端から丁寧に切る。

やすませておいた㉑を取り出し、表面のクリームがすべて隠れるように㉓のキューブに切った生地をまんべんなく貼りつける。上から粉糖を茶こしでふるいかけ、たっぷりまぶす。

トルタ・ミモザの基本形。難しそうに見えるが、パーツさえ揃えば簡単に作れる。店では、ここにいちごやキウイ、オレンジなどさまざまなフルーツを飾り、また中の層にもフルーツを入れて、華やかで味の変化にとんだものを販売。

イタリアのスポンジ生地は気泡が大きめのふんわりした焼き上がり。焼き方が少ないと中心がベチャッとしてへこみ、逆に焼きすぎると表面の焼き色が濃くなり、しわが寄ってきます。美しい焼き色と形を目指しましょう。

From Chef

春に食べるケーキ

トルタ・ミモザは春のケーキと言われます。「国際女性デー」に制定されている3月8日、イタリアでは女性にミモザの花を贈る習慣があることから「ミモザの日」とも呼ばれ、それに合わせてこの時季にトルタ・ミモザを楽しむことが多くなっています。

基本の
クリーム

カスタードクリーム
電子レンジで作る簡単で本格派の
Crema pasticcera

イタリア語ではクレーマ・パスティッチェーラ、本書ではミモザやゼッポレなどに使います。通常は鍋で炊きますが、牛乳300g以下の分量なら電子レンジを使うと簡単においしく作れます。電子レンジでは熱の加わり方がソフトになるので牛乳に皮膜ができず、量にロスが出たり焦げつくこともありません。また、オレンジの皮とコーヒー豆を加えるのは私のオリジナル。華やかで爽やかな香りと深みをプラスします。

材料（ゼッポレ（→p.88）／セミフレッド（→p.116）用。仕上がり量約230g）

牛乳……150g
卵黄……40g
グラニュー糖……45g
薄力粉……15g
バニラビーンズペースト*……少量
オレンジの皮……1片
コーヒー豆（ローストしたもの）……1粒

*バニラビーンズペーストは、バニラエッセンス、バニラオイルで代用してもよい。

材料（トルタ・ミモザ（→p.76）／フンギ（→p.74）用。仕上がり量約300g）

牛乳……200g
卵黄……50g
グラニュー糖……60g
薄力粉……20g
バニラビーンズペースト*……少量
オレンジの皮……1片
コーヒー豆（ローストしたもの）……1粒

❶ 耐熱ボウルに牛乳、バニラビーンズペースト、オレンジの皮、コーヒー豆を入れて電子レンジに1分30秒かける。

❷ 別の耐熱ボウルに卵黄、グラニュー糖を合わせ、泡立て器ですり混ぜる。

◆ 白くなるまで混ぜる必要はなく、グラニュー糖が卵黄と混ざれば充分です。

❸ ❷に薄力粉をふるいながら加え、泡立て器で混ぜてなじませる。

p.82に続く →

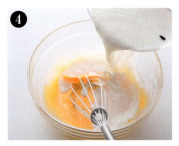

❶の牛乳を❸のボウルに一気に入れる。泡立て器で混ぜてなじませ、こす。

電子レンジに1分かける。部分的に固まってムラができるので、以降は30秒間隔でくり返し取り出し、そのたびに泡立て器で混ぜる。計3分間かける。写真は1分30秒後。

よくかき混ぜる。少しとろみが出ている。

写真は2分後。濃度がついてぽってりとしてくる。

よくかき混ぜる。とろみはほぼ仕上がりに近い。

写真は最終の3分後。表面は厚く固まっている。

◆ 濃度は2分間の加熱でほぼ仕上がりますが、最後の1分間の加熱は、小麦粉の旨みを出すために行います。

しっかり混ぜて、均一なとろみをつける。

◆ ボウルはかなり熱くなっているので注意してください。

カスタードクリームの表面にラップをぴったり密着させる。大きなボウルに氷水を入れてボウルをのせ、冷やす。

◆ ボウルを氷水の上でぐるぐる回すと、効率よく冷やせます。

使うまで氷水にあてるか、冷蔵庫に入れる。冷えると硬く締まるので、使う前にゴムべらで混ぜて柔らかく練る。

◆ すくうとぼたっと垂れるくらいの、コシが残る程度に混ぜます。

Capitolo

3

揚げ菓子&発酵菓子

Dolci fritti&Dolci di pasta lievitata

イタリアのカーニバルのお菓子と言えば、揚げ菓子。
そしておやつにも朝食にもなる発酵菓子。
調理法は違えど、どちらも粉生地のおいしさを
味わってほしいお菓子です。

はちみつがけの揚げ菓子
ストゥルッフォリ
Struffoli

カンパーニア州ナポリ

かりんとうにも似た、サクッとした歯ごたえのひと口菓子です。ナポリでは、クリスマスを祝う菓子として伝統的に作られています。卵白に、ちょっと多めのベーキングパウダーが加わることで、独特のさっくり感が出ます。バターは入れれば風味が増しておいしくなりますが、なくてもかまいません。この揚げ菓子は温めたたっぷりのはちみつをからめて盛り、冷えて固まったものをひとつずつはがすようにしてつまんで食べてくださいね。チョコレートのカラースプレーをまぶすのも定番のスタイルです。

材料（大皿1杯分）

中力粉……250g
ベーキングパウダー……3.5g
グラニュー糖……25g
塩……4g
バター（食塩不使用）……25g
全卵……100g
レモンの皮（すりおろしたもの）……3g
バニラエッセンス……少量
サンブーカ[*1]……25g
打ち粉（強力粉）……適量
揚げ油……適量
フルーツの砂糖漬け[*2]……200g
はちみつ……200g
カラースプレー、アラザン（仕上げ用）……各適量

*1 サンブーカはイタリアのアニス風味のリキュール。ラム、リモンチェッロなどのリキュールや白ワインでも。
*2 フルーツの砂糖漬けは数種類がミックスされたものがベター。

特に用意する道具
カード、揚げ鍋、小鍋

準備
- 卵を室温にもどす。
- バターを柔らかくする。
- 揚げる直前に揚げ油を175℃に温める。

保存と食べごろ
はちみつをかける前なら密閉容器に入れて数日間保存できる。はちみつをかけた後は当日に食べきるのがベスト。

ここに注目!

パスタのようにこねる
生地はひとつの塊にまとめてから、手打ちのパスタ生地を作る時と同じように強くこねます。生地を2つ割りにする時に裂けなくなるまでよくこねることで、均一なサクッとした揚げ上がりになります。

ストゥルッフォリ

① 中力粉、ベーキングパウダー、グラニュー糖、塩をボウルに合わせ、泡立て器で混ぜて均一にする。

② バターを入れて<mark>指先で粉類と混ぜながら、バターを細かな粒にしていく。</mark>

◆ 指先でつぶすようにして、バターを小さくちぎっていきます。

③ 写真が混ぜ終わり。バターの粒がほとんど見えないくらいに粉となじませる。

④ 卵、レモンの皮、バニラエッセンス、サンブーカを加える。

⑤ 最初はゴムべらで混ぜ、卵の水分を粉に行きわたらせる。

◆ ここでは、ゴムべらを短く持ち、生地を押しつけるようにして混ぜていきます。

⑥ ところどころ小片にまとまってきたら、カードに持ち替え、<mark>切りながら混ぜ合わせて粉気を減らしていく。</mark>

⑦ 粉気がなくなったら、手で握りながらこねて、ひとつの塊にまとめる。

⑧ 写真のようにまとまったら、台に取り出す。

⑨ <mark>手のひらのつけ根近くで生地を押しのばしては丸める作業をくり返し、</mark>生地全体を均等にこねる。

◆ パスタ生地のこね方と同じです。強く押しつけるのではなく、生地が断裂しないように注意してこねましょう。

❿ 写真がこね終わり。写真のように少し平らにしてまとめ、ラップで包んで冷蔵庫で2時間ほどやすませる。

◆ こね終えた生地は表面につやが出て、なめらかになります。

⓫ 包丁かスケッパーで生地を縦に6等分する。

◆ 縦長に切っておくと、次の工程で丸めやすくなります。

⓬ 打ち粉をふり、⓫で切り分けた生地を、それぞれ両手のひらで転がして、直径約1.5cmの棒状に丸める。

⓭ 両端を持って軽くのばした後、室温でラップをかけずに5〜10分やすませる。

◆ 生地が縮みやすいので、少しだけ引っ張ってのばしてからやすませます。

⓮ スケッパーか包丁で幅1cmに切る。

◆ 一度に食べない場合は、そのままビニール袋に入れて、冷凍もできます。

⓯ 175℃に熱した揚げ油に入れ、2〜3分揚げる。全体がまんべんなくこげ茶色に色づいてくればよい。

⓰ 取り出してよく油をきったら、ボウルに入れてフルーツの砂糖漬けをのせる。

⓱ はちみつを小鍋に入れて中火にかけ、沸騰したらすぐに火を止める。

◆ 少し温めることで、はちみつがさらりとし、からめやすくなります。

⓲ ⓱を⓰の上にかけて、ゴムべらで全体をよく混ぜ合わせる。器に盛り、カラースプレーとアラザンをふる。

カスタード入り揚げシュー

ゼッポレ

Zeppole

カンパーニア州ナポリ●

シュー生地を使った揚げ菓子は、イタリア南部にたくさんあります。有名なのが、このナポリのゼッポレで、リング形に絞って揚げたあと、カスタードクリームをたっぷり詰めて、チェリーのシロップ煮をトッピングします。一般的なシューは小麦粉と水の比率が1：2ですが、ゼッポレは水分が少なく1：1と硬め。揚げると生地の外側はガシッ、サクッ、内側はしっとりという重厚な食感になります。バターでも作れますが、ここではマーガリンに替えて現地の味に近づけてみました。

材料（10個分）

◎パスタ・ビニェ（シュー生地）

中力粉……100g

水……100g

マーガリン（有塩）……40g

塩……2.5g

グラニュー糖……5g

全卵……125g

バニラエッセンス……10ふり

グラニュー糖……適量

カスタードクリーム（→p.81）……230g

粉糖（仕上げ用）……適量

アマレーナ（シロップ煮の瓶詰）*……15個

揚げ油……適量

*アマレーナはイタリア産のサワーブラックチェリー。

特に用意する道具

小鍋、絞り袋2個、星口金（カスタードクリーム用：6切、口径14.5mm、9番、生地用：6切、口径16.5mm、10番）、クッキングペーパー（10cm四方を10枚）、揚げ鍋（直径22cm以上）、ケーキカップ（グラシン紙8号F）10個

準備

● 卵を室温にもどす。

● 2種類の星口金を絞り袋にセットする。

● アマレーナを2等分する。

● 中力粉を直前にふるう。

● 揚げる直前に揚げ油を160〜170℃に温める。

保存と食べごろ

冷蔵保存で翌日まで。当日がベスト。

ここに注目！

ペーパーごと揚げます

ゼッポレの生地は柔らかいので、耐油性のペーパーの上に絞ってペーパーごと揚げ油に入れます。生地の形が崩れず、生地に火が入れば自然にペーパーがはがれるので、揚げるのも簡単。ちなみにイタリアでは、ヘルシー志向から揚げずにオーブン焼きするゼッポレも増えているようです。

器／ヴェール

ゼッポレ

❶ 鍋に水、マーガリン、塩、グラニュー糖を入れて弱火にかけ、沸騰したら火を止める。

❷ 中力粉を入れ、ゴムべらで手早く混ぜる。粉気が消えて塊になったら中火にかける。

❸ ゴムべらで押さえつけたり、かき混ぜたりをくり返して生地に火を入れる。

◆ 目的は水分をとばすことではなく、中力粉に火を入れること。生地を押さえつけながら粉を糊化させるために、温度を上げていきます。

❹ 写真が火を入れ終えた生地。

◆ 鍋底に生地の薄い膜ができれば加熱は完了です。ここでしっかり粉に火を入れておくと、卵とうまく混ざり、きれいに揚がる生地になります。

❺ ❹をボウルに移して卵の半量を入れる。最初は==ゴムべらを立てて生地を切るようにして卵を混ぜていく==。

◆ 最初はぐるぐるかき混ぜません。ゴムべらを素早く切るように動かしたほうが、生地と卵が早く混ざります。

❻ 写真のように生地が小さな塊に切れるまで行う。

❼ ==ある程度なじんできたら、ゴムべらでぐるぐるとかき混ぜたり練ったりして生地をまとめる。==

◆ 生地はベタついていますが、ひとつにつながっていればOKです。

❽ 残りの卵を入れ、❺～❼と同様にゴムべらを立てて切るように混ぜた後、かき混ぜたり練ったりして、なめらかになるまで混ぜる。

◆ 卵がすでに入っているので、ここでは簡単に混ざります。

❾ 生地が混ざったらバニラエッセンスを入れて軽く混ぜる。仕上がりの目安は、生地をすくうとダラリとのびた後、途中でブツッと切れる状態。

❿ 星口金（生地用）をつけた絞り袋に生地を詰め、用意したクッキングペーパーにリング状に絞る（直径約7cm）。

⓫ 鍋またはフライパンに揚げ油を160〜170℃に熱し、生地を下にして、クッキングペーパーごと入れる。

◆ペーパーを両手で持ち上げ、裏返しにしながらすべらせるように油に入れます。生地はかなり膨らむので、直径22cmの揚げ鍋の場合は一度に揚げるのは3個まで。

⓬ 生地の表面が固まってきたら、裏返しにする。

◆小さい気泡がプクプクと出る温度を保ちましょう。裏返しにする時は菜箸で。トングは油が伝って手元に垂れてくることがあるので避けてください。

⓭ クッキングペーパーが自然にはがれてくるので取り除く。時々裏に返して均等に火を入れる。

⓮ おいしそうなきつね色になったら揚げ上がり。紙の上に取り出して油をきり、粗熱をとる。

◆揚げ時間は5分を目安に。粗熱をとっている間にカスタードクリームを作ります（→p.81）。

⓯ ビニール袋にグラニュー糖を入れる。⓮の生地を1個ずつ入れて袋をよくふり、表面にグラニュー糖をまぶす。

⓰ 袋から取り出して生地の高さの真ん中で、水平に2枚に切る。

⓱ 下の生地をケーキカップにのせる。星口金（カスタードクリーム用）をつけた絞り袋にカスタードクリームを詰め、切り口の上に絞り出しながら一周する。

⓲ 上の生地をのせ、中心の穴にカスタードクリームを絞る。縁まで埋めたら小さな円に絞る。アマレーナを3切れのせて軽く押し、落ち着かせる。上に粉糖を茶こしでこしながらふる。

◆クリームは多いほうがおいしいので、お好みでどうぞ。

91

薄焼きせんべい風の揚げ菓子
キヤッケレ
Chiacchiere

ロンバルディア州ミラノ

カーニバルに食べる揚げ菓子はイタリア各地にあり、ミラノではキヤッケレと呼ばれます。土地によって形も名前も異なり、ローマのフラッペ、トスカーナ州のチェンチ、ピエモンテ州のブジーエも有名どころ。キヤッケレは「おしゃべり」の意味で、名前どおりに食べた時にパリパリパリと軽やかな音がしないといけません。粉生地をこねて柔らかなパスタ生地のように仕上げ、厚さ1mmの極薄にして揚げれば、パリパリ食感満載です。日本のおせんべいのような感覚で、好きな形に切ったり、ねじったりして作ります。

材料（作りやすい分量）
中力粉……250g
グラニュー糖……50g
塩……2g
バター（食塩不使用）……30g
卵黄……40g
はちみつ……10g
白ワイン（辛口）……60g
レモンの皮（すりおろしたもの）……4g（約1個分）
揚げ油……適量
粉糖（仕上げ用）……適量
打ち粉（強力粉）……適量

特に用意する道具
めん棒、パイカッター、揚げ鍋

準備
- 卵黄を室温にもどす。
- バターを柔らかくする。
- 揚げる直前に揚げ油を170～180℃に温める。

保存と食べごろ
密閉容器に入れて数日間。冷凍保存もできる。当日がベスト。

ここに注目！

生地はやさしくこねましょう
材料を塊にまとめた後、パスタ生地のように手のひらでこねる作業があります。ただし生地が柔らかいので、力強く押しのばしてこねると生地が裂け、パリパリの軽快な揚げ上がりになりません。「やさしくこねる」、その力加減が出来上がりを左右します。

器/ヴェール

キヤッケレ

① 小さいボウルにはちみつと白ワインを入れ、ゴムべらで混ぜる。次にレモンの皮を入れて混ぜる。
◆ はちみつが固まらないように白ワインでのばしておきます。

② 別のボウルに中力粉、塩、グラニュー糖を入れて泡立て器で均一に混ぜる。

③ バターを加え、<mark>指先でもむようにして粉となじませていく</mark>。バターの粒が見えなくなるまで行う。
◆ バターを指で小さくちぎりながら粉と混ぜる、をくり返します。

④ 粉の真ん中にくぼみを作り、❶と卵黄を入れて、ゴムべらで中心から外に向かって少しずつくずすように混ぜる。
◆ 卵黄は白ワインの酸によって固まりやすいので、手順❶ではなくこの段階で合わせます。

⑤ 写真のように、粉気がなくなり、生地がつながってくるまで混ぜる。

⑥ 白い粉が見えなくなったら、手のひらで塊にまとまるまでこねる。
◆ パスタ生地をこねる時と同じです。つかんだり、押したりをくり返し、粉っぽさをなくして塊にしていきます。

⑦ 次は台に取り出して5〜10分、表面にざらつきがなくなるまでこねる。
◆ 柔らかい生地なので、やさしくこねてください。この段階では、パスタ生地のように強く押しのばしながらこねると、生地がちぎれて揚げた後の食感が悪くなります。

⑧ ふっくらとこね上がった生地。円柱形に近い形に整えてラップで包み、冷蔵庫で2時間やすませる。
◆ こねた直後は生地がのびないので、グルテンの力を抑えるためにやすませます。

⑨ 生地に打ち粉をして、まずめん棒で上から押して平らにし、前後にのばしていく。

⑩ 細長い生地になったら、2本の対角線方向に交互にのばしながら正方形に近づけていく。途中でのびにくくなったら、15分ほどやすませる。

◆ 表面が乾燥するようであれば、ビニールや固く絞ったぬれ布巾をかぶせてやすませましょう。

⑪ 縮みやすい生地なので、約30cm四方にのばした時点で、そのまま5〜10分やすませる。最終的に厚さ1mmにのばす。

◆ 表面が軽く乾燥する程度にやすませます。乾いてくれば生地は縮まなくなります。

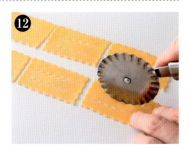

⑫ 好みの形と大きさに切り分ける。ここでは4種類を紹介。1つ目は幅3cm、長さ6cmの長方形に切り、真ん中に2本の切り目を縦に入れる。

⑬ 2つ目は幅2cmの細長い帯に切り、適当な長さに斜め切りにする。

⑭ 3つ目は幅1cm、長さ10cmの帯状に切る。

⑮ 4つ目は幅1cm、長さ5cmの帯状に切り、結ぶ。

◆ 4タイプとも、この段階でビニール袋に入れて冷凍保存ができます。

⑯ 170〜180℃の揚げ油で1分ほど揚げ、裏に返してさらに1〜2分揚げる。温度を150℃に下げ、数回裏返しながら5分ほど揚げる。

◆ 2段階の温度で時間をかけて揚げると、しっかり水分が抜け、サクサク感が増します。

⑰ 紙にあげて油をきり、粗熱をとる。粉糖を茶こしでこしながらふる。

From Chef

揚げ菓子が多い理由

イタリアにはたくさんの揚げ菓子がありますが、これは昔、各家庭にオーブンがなかったことが由来。パンを焼くのにも町の共同の窯を使い、数週間分をまとめて焼くなどしていたことから、お菓子も家庭で作りやすい手軽な揚げ菓子が広まっていったようです。

マンマの"平たい"おやつパン

スキアッチャータ
Schiacciata

●トスカーナ州

スキアッチャータとはもともと「押しつぶしたもの」の意味。オリーブ油入りのフォカッチャ生地を押して平たくしたおやつで、今回はたっぷりのぶどうをのせ、生地で包んで焼き上げました。甘酸っぱくジューシーなぶどうの果汁がフォカッチャ生地に染みて、しっとり香り高く仕上がります。甘みがあって満腹感も得られるので、イタリアではおかあさんやおばあちゃんが作るおやつパンとして人気です。ここでは約20cm大1枚分を手ごねで作る方法をご紹介します。

材料（約20×16cm　1枚分）

◎フォカッチャ生地
- 強力粉……120g
- 中力粉……120g
- ぬるま湯（30℃）……130g[*1]
- ドライイースト……2.5g
- グラニュー糖……30g
- 塩……5g
- モルトパウダー[*2]（あれば）……1g
- E.V.オリーブ油……15g

ぶどう（デラウェア。種なし）……300g（3房分）
くるみ（皮付き。ホール）……40g
グラニュー糖……15g
ローズマリー（仕上げ用）……1枝
E.V.オリーブ油（仕上げ用）……適量

*1 ぬるま湯の分量は、小麦粉と合わせた後、生地の硬さを見て足りなければ少量を補う。
*2 モルトパウダーは粉末の麦芽。イーストの発酵を促進し、パンの焼き色や香りを高める効果がある。

特に用意する道具
カード、オーブンシート、刷毛

準備
- ぶどうの房を粒に分ける。
- オーブンを230℃に予熱する。
- 天板にオーブンシートを敷く。

保存と食べごろ
密閉容器に入れて2日間。当日がベスト。

生地にオリーブ油を混ぜる

フォカッチャはイタリアの数あるパンのうちのひとつで、生地にオリーブ油を混ぜ、その風味もともに楽しみます。香りがとびやすいので、焼き上がりにもたいていオリーブ油をかけます。適量を使えば、油っぽさを感じることはありませんよ。

スキアッチャータ

❶ 小さいボウルにぬるま湯を入れ、ドライイーストを加えて溶かす。

◆ 大きなスプーンで、ダマがなくなるまでよく混ぜましょう。ぬるま湯でもどして軽く予備発酵させると、発酵力が高まります。

❷ 分量のグラニュー糖のうち、小さじ1ほどを❶に加えて再び混ぜる。

◆ 糖分が少量あると、イースト菌の活動が活発になります。

❸ 別のボウルに強力粉と中力粉を入れ、残りのグラニュー糖、塩、モルトパウダーを加える。スプーンでよく混ぜて均一にする。

◆ 生地作りの段階でよくこねるので、強力粉と中力粉はふるう必要はありません。

❹ 粉の真ん中にくぼみを作り、❷のイースト液を流し入れる。

❺ <mark>スプーンで周りの粉を少しずつ崩しながらぐるぐるとかき混ぜ</mark>、イースト液と混ぜ合わせていく。

◆ 真ん中の混ざった柔らかい生地を、スプーンで周りの粉にあてるようにしていくと効率よくきれいに混ぜられます。

❻ 小麦粉がイースト液の水分を吸収してまとまり、スプーンについてこなくなるまで混ぜる。写真は混ぜ終わり。

❼ 生地を手で塊にまとめ、ボウルに残っている小麦粉に押しつけて最後の粉までくっつける。粉気がなくなったら<mark>手のひらのつけ根で強くこねる</mark>。

◆ 生地を押しのばしては手前に巻き込む動作をくり返しながら、生地の向きも90度ずつ回転させ、5分ほどしっかりこねます。

❽ こね終えた生地。

◆ 引っ張った時にちぎれにくくなってくればOK。

❾ 生地にE.V.オリーブ油をかけ、手で5分ほどこねて生地にしみ込ませる。

◆ オリーブ油はこねて手の熱が加わると香りがとびやすいので、こねる回数を少なくするために、ここで加えます。

98

❿ オリーブ油を混ぜ終えた生地。

◆ 写真のように生地が手にくっついてのびてくれば、オリーブ油が生地にしみ込んだしるし。

⓫ 続けて、ボウルの中で生地を押しのばし、オリーブ油を全体に行きわたらせる。

◆ ここでは、押しのばすだけです。生地のネバネバが手についてこなくなるまで続けます。

⓬ 最後は、ボウルの中で、<mark>生地を軽く丸めては叩きつける</mark>作業を100回ほどくり返す。

◆ 叩きつけることでしっかりとしたグルテンを作り、粘りと弾力のあるフォカッチャ生地にします。

⓭ 表面がツルッとなめらかになったらこね上がり。

⓮ 生地を球状に丸め、閉じ目を下にしてボウルに置く。<mark>E.V.オリーブ油少量（分量外）を垂らし、手のひらで全体に塗る</mark>。このまま5分おく。

◆ こねて傷ついた生地をやすませて元に戻すベンチタイムです。ラップではなく油を塗って乾燥を防ぐのがイタリア流です。

⓯ カードなどで生地を6:4の比率で切り分け、それぞれを押しつぶしてハンバーグ状にする。

◆ 2枚の生地を重ねるので、上にのせるほうをやや小さめにします。また、球状より平たいほうが中心まで熱が均一に届きやすいので、発酵がうまく進みます。

⓰ オーブンシートにのせて、25〜30℃で40分間発酵させる。写真は発酵後。

◆ 室温での温度管理がむずかしい場合は、オーブンの発酵機能を使うといいでしょう。ぬれ布巾などをかけないので、表面が乾いていたらE.V.オリーブ油をさらに塗ってください。

⓱ ⓰を薄くのばす。大きいほうを20×16cmの四角形に、小さいほうはそれよりもやや小さめに。

◆ 生地の下に空気が入ると焼き上がりの形がいびつになるので、片方の手の指先でトントンと押さえながら、もう一方の手で周りを引っ張って広げます。

⓲ 25〜30℃で、再び40分間発酵させる。写真は発酵後。

p.100に続く →

スキアッチャータ

⑲ 大きいほうの生地にぶどうの4割分を敷き、生地の縁を4辺とも1cmほどあける。ぶどうにグラニュー糖10gをまぶす。
◆ このグラニュー糖がぶどう果汁と混ざり、火が入った時にジャム状になっておいしさが増します。

⑳ 刷毛で生地の縁に水を塗り、小さいほうの生地を静かにのせる。

㉑ 下の生地の縁を軽く引っ張って上の生地にかぶせ、指先で押さえて密着させる。これを一周分行う。
◆ 焼成中に、ぶどうの水分が漏れないようにするための成形です。

㉒ 上の生地に刷毛で水を塗る。ぶどうの残りをのせ、手のひらでやさしく押さえる。ぶどうのすき間にくるみを散らし、全体的にグラニュー糖5gをふる。
◆ くるみは事前にローストしておく必要はありません。オーブンシートにグラニュー糖がこぼれていたらふき取りましょう。

㉓ ペティナイフの先端で、10ヵ所ほど生地を刺して空気穴をあける。230℃のオーブンで15分焼き、天板の前後を入れ替えて10分焼く。写真は焼き上がり。
◆ 生地の縁の色で焼き上がりを判断。香ばしい茶色に色づけることが必要です。

㉔ ローズマリーの葉をつまみ、ところどころに刺す。E.V.オリーブ油を少量かける。
◆ 本来はローズマリーも刺してから焼きますが、焦げやすいため、焼き上がりに添えて香りをつけています。

From Chef

ぶどうの種類はお好みで

ぶどうが収穫期を迎える秋、農家のノンナ（おばあちゃん）やマンマ（おかあさん）が豊富にあるぶどう（もちろん種付き）を利用して作ったと言われるのが、ぶどうのスキアッチャータです。

　ぶどうの種類はなんでもよいですが、今回使ったデラウェアは簡単に手に入り、種がないので日本人好みだと思います。粒の大きいぶどうの場合は半分に切り、種があれば取り除いてください。

　また、少し手間はかかりますが、大粒のぶどうを半分に切ってオーブン（100℃で2時間ほど）でセミドライにし、フレッシュ品と混ぜて使うと味の濃淡や食感の変化が出ておいしいです。ぶどう以外では、さくらんぼうやいちごもおすすめ。

Capitolo

4

デザート＆氷菓子

Dolci al cucchiaio&Gelati

ティラミス、パンナコッタなど、
日本でもなじみ深いお菓子が多くありますが、
濃厚な味わいにするか、古くからの配合にするか、
頭を悩ませました。ここでは家庭で作りやすく、
またくり返し作りたくなるような味をご紹介します。

生クリームのプディング
パンナコッタ
Panna cotta

ピエモンテ州

生クリームに火を入れて冷やし固め、プディングのようなプルプルの柔らかい食感を楽しむ冷菓です。現在はたいていゼラチンで固めますが、12世紀の古いレシピにさかのぼると、生クリームに卵白を加えて加熱し、卵白の凝固作用で固める方法がのっています。ここでご紹介するのはその卵白バージョン。卵黄が入っていなくともカスタードプディングのような風味のよさがあり、また生クリーム100%のくどさを感じさせないので牛乳で割る必要がありません。

材料（18×8×高さ6.5cmのパウンドケーキ型[*1] 2台分）
生クリーム（乳脂肪分40%）……450g
卵白……150g
グラニュー糖……75g
バニラビーンズペースト[*2]……少量
オレンジの皮（1.5×10cm）……2枚
◎カラメルソース
　グラニュー糖……60g
　水……40g

[*1] 手順写真のパウンドケーキ型は継ぎ目があり、生地がもれる可能性があるので、継ぎ目のない型がベストです。
[*2] バニラビーンズペーストは、バニラエッセンス、バニラオイルで代用してもよい。

特に用意する道具
小鍋（深さ約10cmのもの）、バット（深さ4.5cm以上）、ハンドブレンダー（刃の周りにドーム状の傘があるものは撹拌するときに空気が入るので、液面に斜めに入れて空気が入らないようにして使う）

準備
- 卵白を室温にもどす。
- オーブンを170℃に予熱する。

保存と食べごろ
ラップをかけて冷蔵庫へ。
当日から約5日間が食べごろ。

ここに注目！

水を入れて作るカラメル
カラメルナッツ（→p.120）では、砂糖だけを焦がしてカラメルを作っています。水分が入るとナッツがしけてしまうからですが、シンプルなカラメルソースを作るなら、水を加えて焦がしたほうが安定します。加えた水分が蒸発するまで煮つめる時間が多少長くなりますが、失敗が少なくおすすめの方法です。

パンナコッタ

❶ カラメルソースを作る。小鍋に水の半量を入れ、グラニュー糖を流し入れるように加える。中火にかけて溶かし、しばらく煮つめる。

◆ 必ず、先に水を入れてください。スプーンなどで混ぜると結晶化するので、混ぜずに静かに煮つめましょう。

❷ シロップが淡く色づいてきたら、弱火にする。ここからは==鍋をゆらして均一に色づけながら==、さらに煮つめる。

❸ 濃いこげ茶のカラメル色になったら火を止め、残りの水を入れて温度上昇を止める。

◆ カラメルがはねやすいので、やけどをしないように注意してください。深さのある鍋を使っていれば、はねをガードしてくれるので安全です。

❹ ==鍋をゆらしてカラメルの濃度を均一にし==、出来上がり。

◆ 水を入れるタイミングの違いで、カラメルの硬さに若干違いが出ますが、あまり気にしなくて大丈夫。

❺ バットに薄手の布巾を敷き、パウンドケーキ型を置く。カラメルソースが熱いうちに流し入れる。

◆ 布巾を敷くと型がすべらず、安定します。

❻ 型を前後左右に傾けて、カラメルソースを底面全体に薄く敷きつめる。固まるまで室温においておく。

❼ パンナコッタ生地を作る。ボウルに生クリーム、バニラビーンズペースト、オレンジの皮を入れ、電子レンジに3分かける。

◆ オレンジの香りを移し、❽で加えるグラニュー糖が溶けやすいよう、軽く温めます。

❽ オレンジの皮を取り出し、卵白とグラニュー糖を加え、ハンドブレンダーで==卵白のとろみがなくなるまで攪拌する==。

◆ ブレンダーを使うと卵白のコシがしっかり切れて、仕上がりがなめらかになります。

❾ 生地をこして別のボウルに移す。

◆ こすことで、完全になめらかな生地に仕上げます。

10 準備しておいた❻の型に❾の生地を注ぐ。

◆ カラメルが固まっていることを確認してから注ぎましょう。パンナコッタはあまり高さを出さないように作るので、2台に分けてちょうどよい高さになります。

11 熱湯をバットに注ぐ。170℃に予熱したオーブンに入れ、25〜30分ほど焼く。

◆ 熱湯は生地と同じ高さまで注いで、熱が均一に柔らかく当たるようにします。

12 焼き上がり。氷水を張ったバットに型をのせて粗熱をとった後、冷蔵庫で冷やす。

◆ 型を少しゆらすと、生地はゆるゆるでさざ波が立つように動きますが、早めに動きが止まれば火が通っています。一晩おいたほうが生地が締まり、安定します。

型のはずし方

型と生地の間にパレットナイフ（またはペティナイフ）を差し込み、型の側面に沿って一周して型と生地を離す。型の上に平らな大きめの皿をのせ、素早く天地を逆にして生地とカラメルソースを取り出す。

✦ 一人盛りにアレンジ ✦

このレシピでは、大きく作って切り分けるスタイルにしましたが、1人分の容量のカップ型で作るのもおしゃれです。耐熱ガラスや金属製の型ならオーブンで焼いても大丈夫。カラメルソースを敷き、生地を流して焼く工程は、パウンドケーキ型で作るのと同じです。

パンナコッタはフルーツとの相性がよいので、食べる直前にいちごを小さくカットしたものやベリー類を飾って華やかにアレンジしてみてください。ちなみに私のおすすめの食べ方は、バルサミコ酢。ソースのように上にたらりとかけると絶品です！

コーヒー風味のチーズデザート

ティラミス

Tiramisù

ヴェネト州トレヴィーゾ ●
（諸説あり）

ティラミスは、フレッシュチーズの一種のマスカルポーネを柔らかなクリーム状に仕立てた、イタリアを代表するデザートです。クリームの基本材料はマスカルポーネと卵と砂糖で、好みで卵白をメレンゲにしたり、ホイップクリームや洋酒を加えたりと作り方はさまざま。このクリームを、コーヒーをたっぷりしみ込ませたサヴォイアルディ（フィンガービスケット）と層にすれば出来上がり。今回のレシピはマスカルポーネの濃厚な味わいを生かしつつ、泡立てた卵黄と少量のホイップクリームを加え、ソフトな口当たりにしています。

材料（13×18×高さ6cmの型1台分）

◎マスカルポーネクリーム
　マスカルポーネ……250g
　卵黄……80g
　マルサーラ*1（甘口。なければ
　　甘口の白ワイン）……100g
　グラニュー糖……60g
　板ゼラチン……3g
　生クリーム（乳脂肪分40%以上）……60g
◎コーヒーシロップ
　エスプレッソコーヒー*2……100g
　シロップ（準備参照）……60g
　サンブーカ*1（あれば）……8g
サヴォイアルディ*3（→p.110）……約40本
ココアパウダー……適量
◎仕上げ用
　チョコレートコポー……適量
　ココアパウダー、粉糖……各適量
　サヴォイアルディ（→p.110）……適量

＊1 マルサーラはイタリア産の酒精強化ワイン。サンブーカはイタリア産のアニス系リキュール。

＊2 エスプレッソコーヒーの代わりに、濃くいれたレギュラーコーヒーやインスタントコーヒーでもよいが、風味は苦味のきいたエスプレッソがいちばん。材料表のように、実際に使う分量よりも多めに用意する。

＊3 サヴォイアルディは市販のスポンジ生地でもOK。

特に用意する道具

ハンドミキサー

準備

- 板ゼラチンを冷水で柔らかくもどす。
- エスプレッソコーヒーを作って冷ましておく。
- シロップは水35gとグラニュー糖25gを
　合わせて火にかけて溶かし、冷ましておく。
- マスカルポーネは温度が上がるとだれるので、
　使う直前まで冷蔵庫に入れておく。

保存と食べごろ

ラップで覆い、冷蔵保存で3日。翌日がサヴォイアルディにクリームがしみ込み、しっとりしていちばんの食べごろ。

器／ヴェール

ティラミス

マスカルポーネクリームを作る。ボウルに卵黄とマルサーラを入れて泡立て器でほぐす。

なじんだところにグラニュー糖を加えて、軽く混ぜる。

◆ 卵黄とグラニュー糖を最初に混ぜると、グラニュー糖が卵黄の水分を吸収してしまうため、ダマができる可能性があります。先にマルサーラで卵黄をほぐしておけば大丈夫。

鍋に湯を沸かして沸騰状態を保ち、❷のボウルをのせて泡立てる。

◆ ボウルの底は湯についても、ついていなくてもよいです。湯せんで温めてグラニュー糖を溶かし、卵黄に火を入れて、細かい気泡を作るねらいです。

泡立て器を一方向に往復させたり、ぐるぐると混ぜたりしながら、とろみがつくまで泡立て、湯せんからはずす。

◆ ハンドミキサーでは、羽根に当たりにくい部分が固まることがあるので、泡立て器がおすすめ。ボリュームが最大になった後、下がり始めたら湯せんからはずすタイミングです。

もどした板ゼラチンの水気をきり、❹が熱いうちに加えて、泡立て器でよく混ぜて溶かす。粗熱をとって冷蔵庫へ入れる。

◆ あまり冷やしすぎず、やや冷たいくらいの温度にします。冷えすぎて固まった場合は、湯せんで温めてもどしましょう。

生クリームをハンドミキサーの高速で泡立てる。十分立てにした後、冷蔵庫へ入れる。

◆ これ以上は泡立たないという限界まで泡立てます。見た目は少しパサつき始めていますが、ここまで泡立てると、あとで混ぜ合わせた生地がだれにくくなります。

冷えて少しとろみのついた❺の生地にマスカルポーネを入れ、泡立て器で全体をしっかり混ぜてなじませる。

写真は混ぜ終わり。

◆ このクリームはなめらかさが大事。ダマや混ぜむらがないようにしっかり混ぜます。

❽に❻のホイップクリームを加え、泡立て器のまま軽く混ぜる。

◆ ホイップクリームの泡をつぶさず、白い色が消える程度に混ぜ合わせます。

❿ 写真は混ぜ終わり。これでマスカルポーネクリームの出来上がり。

◆ 角がわずかに垂れるくらいの柔らかさです。

⓫ 冷めたエスプレッソコーヒーとシロップを混ぜ、サンブーカを風味づけに入れる。

◆ サンブーカは入れても入れなくてもお好みで。

⓬ 型にサヴォイアルディを敷き詰め、コーヒーシロップをかける。

◆ 半端なスペースがあいたら、サヴォイアルディを適当な長さに折って入れ、すき間なくぴったりと敷き詰めてください。コーヒーシロップは、サヴォイアルディの形が崩れない程度に多めにかけます。

⓭ マスカルポーネクリームの半量をのせてゴムべらでのばし、表面を平らにする。

⓮ 2段目に敷くサヴォイアルディは、==1個ずつコーヒーシロップに浸す==。

◆ サヴォイアルディ全体を浸しますが、長く浸けると崩れやすいので、入れたら素早く引き上げましょう。

⓯ コーヒーシロップに浸したら、すぐにクリームの上に並べていく。

◆ 2段目も、すき間ができたら、サヴォイアルディを適当な長さに折って埋めてください。すき間がないほうがきれいです。

⓰ 残りのマスカルポーネクリームを入れてのばし、表面を平らにする。食べるまで、ラップで覆って冷蔵庫で2時間以上おく。

◆ ゴムべらで表面に波や格子状の模様をつけてもきれいです。ホイップクリームを絞って飾ることも多いですよ。

⓱ 食べる直前に、ココアパウダーを茶こしでふるいながらかける。

◆ 20cmほどの高さからふると、均等に美しくまぶすことができます。

⓲ ティラミスの出来上がり。盛りつけは大型スプーンで1人分の分量をすくい、器へ。好みで、チョコレートコポーやココアパウダー、粉糖などをふり、サヴォイアルディを添える。

109

> 基本の
> パーツ

さくさくのフィンガービスケット

サヴォイアルディ
Savoiardi

フランス語のビスキュイ・ア・ラ・キュイエール、英語のフィンガービスケットの名前でおなじみですが、イタリアでは統一後の王家となったサヴォイア家にちなむことから、サヴォアルディと呼ばれます。さくさくした軽い食感で、これだけで食べてもおいしいお菓子。市販品が簡単に手に入るので、それらを利用すればティラミス作りも簡単。ここでは手作りしたい方に、レシピをご紹介します。

材料（幅1.5×長さ8cm 約110本分）
全卵……50g
卵黄……40g
グラニュー糖……90g
◎メレンゲ
　卵白……75g
　グラニュー糖……40g
　塩……ひとつまみ
中力粉……140g
片栗粉*……20g
粉糖……適量

*片栗粉は気泡性が高いので、出来上がったサヴォイアルディはコーヒーシロップがよくしみ込む。

特に用意する道具
ハンドミキサー、オーブンシート、絞り袋、丸口金（口径9〜10mm、8または9番）

準備
- 全卵と卵黄を室温にもどす。
- オーブンを200℃に予熱する。
- 天板にオーブンシートを敷く。
- 絞り袋に丸口金をセットする。
- 中力粉と片栗粉を合わせて、直前にふるう。

保存と食べごろ
密閉容器に乾燥剤とともに入れて2カ月。

ここに注目!
乾かすことを意識して

ティラミス用に作る場合は、このあとシロップやクリームがたっぷりしみ込むように、焼成の後は乾かすイメージで作りましょう。焼き上がった後、天板からはずさずに、上にのせたままにするのは、余熱で生地に残った水分を蒸発させるためです。

❶ メレンゲを作る。ボウルに卵白を入れ、グラニュー糖の1/3量と塩を入れてハンドミキサーの高速で泡立てる。少し泡立ってきたら残りのグラニュー糖の半量を加えて泡立て、溶けたら残りをすべて加えて泡立てる。

❷ つやが出て、角がぴんと立ち、すくうと羽根の中にしっかりとどまるくらいに泡立てる。

❸ 別のボウルに全卵と卵黄、グラニュー糖を入れる。ハンドミキサーの低速で泡立て、グラニュー糖が溶けてきたら高速にする。淡いクリーム色のトロトロの生地にする。

❹ ❷のメレンゲを軽く泡立て直し、半量を❸に入れてゴムべらですくいながら混ぜる。

❺ 完全に混ざりきる前に中力粉と片栗粉を加え、すくいながら混ぜる。粉が完全に混ざりきる前に、残りのメレンゲを再度軽く泡立て直して加え、すくいながら混ぜる。

❻ 丸口金をつけた絞り袋に❺の生地を入れ、オーブンシートに長さ8cmほどに絞る。間隔は1cmくらいあける。

◆ 絞る際、下で絞り袋に添える手は袋を支えるだけにし、力を加えないように。こうすれば、適度な太さで美しく絞れます。

❼ 粉糖を茶こしでふるいかける。200℃に予熱したオーブンで8分ほど焼き、天板の上段・下段と前後の向きを入れ替えて、さらに2〜3分焼く。

◆ 生地の間に落ちた粉糖は、焼いた時にカラメル化して固まるので、なるべく散らさずにふります。

❽ 焼き上がったら、天板にのせたまま常温において粗熱をとる。

◆ 天板にのせておくと、天板の余熱で生地の水分が蒸発し、乾きが早くなります。ティラミス用サヴォイアルディはシロップやクリームの水分をよく吸ったほうがよいので、このようにしてサクサクに仕上げます。

From Chef

食べ方はいろいろ

ティラミスの別バージョンとして、焼きたての温かいサヴォイアルディに、マスカルポーネクリームをディップのようにつけて食べるのもおすすめ。焼き上がりの本数は多いように思いますが、アイスクリームにつけて、コーヒーに浸しながらなど、いろんな食べ方が楽しめます。

口どけのなめらかな粗い氷の粒
グラニータ
Granita

シチリア州

日本では、フランス語の「グラニテ」になじみがあるかもしれませんが、イタリア語ではグラニータ。果汁などで風味をつけたシロップを凍らせ、粗い氷の粒にした氷菓です。シャーベットのような濃厚な味のねっとりした柔らかさではなく、ザクザクッとした氷の粒が、舌の上ですっと溶ける爽やかさがあります。いろいろなフレーバーが作れますが、今回はグレープフルーツの果肉の粒を生かしたオリジナルのグラニータと、イタリアでは大定番といえるコーヒー風味の2種類をご紹介しましょう。

材料（作りやすい分量）

◎グレープフルーツ味
- グレープフルーツ（ルビー）の果肉 ……1個分（約200g*1）
- グレープフルーツジュース（市販）……50g
- グラニュー糖……100g
- 水……100g
- レモン汁……30g
- チャービル（あれば）……少量

◎コーヒー味
- エスプレッソコーヒー*2……150g
- きび砂糖……100g
- 水……150g
- チョコレートの飾り（あれば）……少量

*1 グレープフルーツの果肉が1個で250gあれば、ジュース50gは入れなくてよい。
*2 エスプレッソコーヒーは味の決め手になるので、おいしいものを選ぶ。

特に用意する道具
底面積が大きく、深さのあるバットなどの容器（出来上がり量の約2.5倍の容積があるとよい）、小鍋

準備
- グレープフルーツの果肉は薄皮と種も除く。形は崩れてもよい。

保存と食べごろ
冷凍保存で日持ちはするが、風味は落ちていくので1週間以内で食べきる。庫内の匂いがつかないよう密閉容器に入れるかラップで覆う。当日から数日間が食べごろ。

ここに注目！
広くて深い容器を準備
短時間で凍るように、凍らせるための容器は底面積の大きいものを使って、液体を薄く流します。金属製の容器ならより早く凍ります。つぶして氷の粒にしていくうちにかさが増えてくるので、容器に深さがあることも必要。凍結時間は冷凍庫によっても違うので、状態をみながら調整してください。

【グラニータ】 グレープフルーツ味

❶ 小鍋に水を入れ、グラニュー糖を流し込むように入れる。

◆ 入れる順番が大事。この順ならグラニュー糖が均一に溶けますが、逆だとグラニュー糖が部分的に固まりやすく、加熱した時にカラメル状に焦げやすいので注意。

❷ 強火にかけ、沸騰したらごく弱火にして1分間静かに沸かす。

◆ 軽く煮つめてシロップの状態を安定させます。鍋をふる程度ならよいですが、スプーンなどで混ぜると結晶化することがあるので、混ぜずに静かに煮つめます。

❸ グレープフルーツの果肉を加え、ゴムべらで静かに混ぜながら果肉を細かくほぐす。

◆ 50℃くらいの温度で、2〜3分混ぜれば細かくほぐれます。

❹ 細かくほぐれた果肉。ここで火からはずす。

❺ 粗熱をとってから、グレープフルーツジュースとレモン汁を加えて混ぜる。

◆ シロップにレモンを加えて酸味を補って味にメリハリをつけ、また爽やかな香りを加えます。

❻ ❺を冷ましたのち、平たいバットなどの容器に流す。 ラップなどで覆い、冷凍庫で約2時間凍らせる。

◆ 容器が傾くと均一に凍りません。平らに置ける場所で凍らせましょう。

❼ ゆるく凍った❻を泡立て器でつぶし、均一な氷の粒にする。

◆ 最初は柔らかな氷です。つぶしている間に溶けてくるので、容器の下に断熱用の皿や布などを敷き、手早く行います。また、果肉が浮き、果汁が下にたまりやすいので、全体をよく混ぜて均一にしましょう。

❽ 表面を平らにならしてラップをかぶせ、冷凍庫で40分〜1時間凍らせて同様に砕く。この工程をあと2回くり返す（計4回砕く）。

◆ 徐々に氷の粒が硬くなってきます。細かい粒になるまでしっかり砕きましょう。

❾ 写真は4回目の砕く作業。これで完成。器に入れ、チャービルを飾る。

◆ 凍結が進むと、色が薄くなってきます。この段階から食べられますが、保管する時は表面を平らにならしてラップで覆い、冷凍庫へ。

【グラニータ】コーヒー味

❶ 小鍋に水100gを入れ、きび砂糖を流し込むように入れる。

◆ きび砂糖を使うとシロップも薄茶色になりますが、黒いコーヒー液を入れるので問題ありません。風味的にもコーヒーときび砂糖は相性がいいですよ。

❷ 強火にかけ、沸騰したらごく弱火にして1分間静かに沸かす。

◆ 軽く煮つめてシロップの状態を安定させます。鍋をふる程度ならよいですが、スプーンなどで混ぜると砂糖が結晶化することがあるので混ぜないように。

❸ 鍋を火からはずし、温かいエスプレッソを加えて、混ぜる。

❹ 水50gを加えて混ぜる。

◆ エスプレッソの濃度そのままでは、グラニータになった時にやや苦いので、水で薄めます。

❺ 冷ましたのち、平たいバットなどの容器に流す。ラップなどで覆い、冷凍庫で約2時間凍らせる。

❻ ゆるく凍った❺を泡立て器でつぶし、均一な氷の粒にする。表面を平らにならしてラップをかぶせ、再び冷凍庫で40分～1時間凍らせ、同様に砕く。この工程をあと2回くり返す（計4回砕く）。

❼ 写真は4回目の砕く作業。これで完成。器に入れ、チョコレートの飾りなどをのせる。

◆ この段階から食べられますが、保存する時は表面を平らにならしてラップで覆い、冷凍庫へ。

From Chef

豊富なフレーバーを楽しんで

イタリアにはさまざまなフレーバーがありますが、もっとも好まれているのがレモン味とコーヒー味。ほかにはいちご、マンダリンオレンジ、アーモンド、ピスタチオなどが人気です。発祥の地のシチリアでは、暑い夏にジェラートと同じくブリオッシュで挟んで食べることも多いですよ。

生クリームベースのアイスケーキ

セミフレッド
Semifreddo

トスカーナ州
フィレンツェ

イタリアの冷菓の代表と言えば、ジェラートとセミフレッド。ジェラートは、専用マシンで作る専門店の味ですが、セミフレッドは家庭で手作りを楽しめる、手軽なお菓子です。ジェラートが攪拌しながら空気を含ませて柔らかく作るのに対し、セミフレッドはホイップクリームベースの生地をそのまま冷凍するので、アイスケーキのような硬めの食感になります。基本はバニラ風味ですが、ここではイタリア人の大好きなカラメルナッツを混ぜて、リッチな味に仕立てました。カリカリした食感がアクセントです。

材料（容量90mlのプリン型8個分）
◎カラメルナッツ（→p.120）
　アーモンド（皮付き。ホール）、
　　ヘーゼルナッツ（皮なし。ホール）、
　　くるみ（皮付き。ホール）……3種で計100g
　ピスタチオ（皮なし。ホール）……20g
　グラニュー糖……50g
◎セミフレッド生地
　カスタードクリーム（→p.81）
　　牛乳……150g
　　卵黄……40g
　　グラニュー糖……45g
　　薄力粉……15g
　　バニラビーンズペースト……少量
　　オレンジの皮……1片
　　コーヒー豆（ローストしたもの）……1粒
　ホイップクリーム
　　生クリーム（乳脂肪分40%以上）……200g
　　グラニュー糖……20g
チョコレートソース（仕上げ用）……適量
ナッツ（仕上げ用。ローストしたアーモンドスライス、
　ピスタチオなど）……適量
粉糖（仕上げ用）……適量

特に用意する道具
ハンドミキサー

保存と食べごろ
冷凍して固まれば、すぐに食べられる。保存は、固めたものを型に入れたままビニール袋に入れて密閉し、冷凍庫へ。庫内の匂いが移ることなく、1ヵ月間は充分においしい。

ここに注目！

柔らかいクリームで作る
ベースの生地はカスタードクリームとホイップクリームを合わせたもの。各クリームを柔らかく作っておくことが口どけのよさにつながります。カスタードクリームは合わせる直前によく練り、トルタ・ミモザなどに使う場合よりもずっと柔らかくします。

117

セミフレッド

❶ カラメルナッツを作る（→p.120）。

❷ カスタードクリームを作る（→p.81）。
◆ 冷やしておいた場合はぷるんと硬くなっているので、ゴムべらでしっかりと練り混ぜます。

❸ ❷をゴムべらでよく練り混ぜ、==つやが出て、すくうとタラリと垂れる柔らかさにする==。
◆ よく混ぜるうちに次第にコシが切れて柔らかくなり、そうすると口どけがなめらかになります。

❹ ホイップクリームを作る。ボウルに生クリームとグラニュー糖を入れ、ひとまわり大きいボウルに氷水を入れてのせる。

❺ ハンドミキサーの高速で泡立てる。
◆ 一定のスピードで泡立てるほうが、気泡の安定したよいホイップクリームができるので、途中で速度を変えずに最初から高速で泡立てます。

❻ 角がほぼまっすぐにピンと立つ、九分立てに泡立てる。

❼ ❸の柔らかなカスタードクリームに、ホイップクリームの1/5量を加える。

❽ ゴムべらで手早くしっかり混ぜる。
◆ ふたつのクリームを合わせる時は、柔らかさを同じにしておくときれいに混ざります。最初に、カスタードクリームに少量のホイップクリームを混ぜて柔らかくしておけば、残りは素早くなじみます。

❾ ==残りのホイップクリームを全量加え、ゴムべらですくいながら混ぜる==。
◆ ここでは、ホイップクリームの泡をつぶさないこと。ボウルを回しながらゴムべらですくい続けると、均一に混ざっていきます。

❿ ❶のカラメルナッツをまな板にのせ、包丁で細かく刻む。
◆ナッツがホールのまま残らないよう、1粒が1/3〜1/2の大きさになるようにていねいに刻みましょう。

⓫ 細かく刻んだカラメルナッツ。
◆ナッツが粒のまま残っていると、出来上がったセミフレッドを切ったりすくったりする時にひっかかり、食感もゴツゴツします。生地のなめらかな口どけを損ねないよう、細かくします。

⓬ ❾のクリームにカラメルナッツを一度に加え、ゴムべらですくいながらナッツが均一に散らばるように混ぜる。

⓭ クリームとカラメルナッツの混ぜ終わり。

⓮ 生地をスプーンですくい、プリン型に詰める。台にトントンと落として空気を抜く。

⓯ 生地が下がった分を足して型の縁まで詰める。パレットナイフなどで表面を平らにならす。冷凍庫で少なくとも3〜4時間、できれば一晩おいて固める。

From Chef

セミフレッドの型抜きと盛りつけ

プリン型を手のひらで包み、体温で型の表面を温めます。型に触れている部分の生地が少しゆるくなったらセミフレッドの表面にフォークを刺し、型を回しながら生地を抜き取ると、きれいに型から抜けます。器に盛り、粉糖をふったり、好みでチョコレートソースやナッツを添えて。

基本のパーツ

イタリア人が大好きな「カリッ」と食感

カラメルナッツ
Torrone

日本では「ふんわり」や「もちもち」した柔らかなお菓子が好まれますが、イタリア人は「カリカリ」した食感が大好き。香ばしいカラメルをたっぷりまとったナッツは、これだけで食べてもおいしいおやつ。風味も豊かになり、食感が複雑になるので、あれば3～4種類のナッツを組み合わせるのがおすすめです。フッ素樹脂加工のフライパンを使うと、カラメルが張りつくことがないので作りやすいです。

材料（作りやすい分量）
アーモンド（皮付き。ホール）、
　ヘーゼルナッツ（皮なし。ホール）、
　くるみ（皮付き。ホール）……3種で計100g
ピスタチオ（皮なし。ホール）……20g
グラニュー糖……50g

特に用意する道具
フッ素樹脂加工のフライパン、
クッキングペーパー

❶
アーモンドとヘーゼルナッツは160℃のオーブンで約20分、くるみは160℃で12分ほどローストする。
◆ 香りが立ってきて、割った時に内側がわずかに色づいていればOK。ピスタチオはローストしません。

❷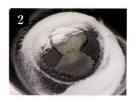
フライパンにグラニュー糖を入れて中火にかける。一部が溶け始めたら、ゆらしながら溶かしていく。
◆ この段階ではへらで混ぜません。フライパンをゆすって均一に溶かしていきます。

❸
グラニュー糖がほぼ溶けてシロップになったら、フライパンを傾けて1カ所にまとめ、さらに火を入れて色づけていく。

❹
シロップが泡立ち始め、淡いカラメル色になったら弱火にする。濃いカラメル色になったら火を止める。
◆ 写真は火を止めたところ。このくらいまで色づけます。

❺
❶の3種類のナッツとピスタチオを全量入れる。フライパンをゆすりながらゴムべらで手早く混ぜ、ナッツの1粒1粒にカラメルをしっかりからめる。

❻
クッキングペーパーにあけ、二つ折りにして押さえ、ナッツが重ならないよう、ナッツの厚みで平らにする。室温で固める。
◆ かなり熱いので、やけどに注意。ここで形を整えておくと、あとで切りやすくなります。

イタリア お菓子MAP

本書で紹介している菓子の出身地は、イタリア各地におよび、文化や歴史と結びついて個性豊かなのが魅力です。お菓子の故郷を地図で見てみましょう。

ロンバルディア州

サラーメ・ディ・チョッコラート (p.30)

トルタ・ズブリゾローナ (p.58)

アモール・ポレンタ (p.66)

キヤッケレ (p.92)

ヴェネト州

トルタ・サッビオーサ (p.54)
(ロンバルディア州もあり)

ティラミス (p.106)
(諸説あり)

ピエモンテ州

バーチ・ディ・ダーマ (p.10)

マルゲリティーネ・ディ・ストレーザ (p.18)

リングエ・ディ・ガット (p.41)

クルミーリ (p.42)

パンナコッタ (p.102)

イタリア南部

トルタ・ディ・リコッタ (p.50)

リグーリア州

カネストレッリ (p.40)

トスカーナ州

ブルッティ・マ・ブオーニ (p.26)

カントゥッチ (p.34)

スキアッチャータ (p.96)

セミフレッド (p.116)

カンパーニア州

ストゥルッフォリ (p.84)

ゼッポレ (p.88)

シチリア州

グラニータ (p.112)

イタリア全土

オッキ・ディ・ブーエ (p.14)

アマレッティ (p.22)

クロスタータ・ディ・マルメッラータ (p.44)

プラムケーク・クラッシコ (p.62)

プロフィテロール (p.70)

トルタ・ミモザ (p.76)

レシピでは伝えきれなかった

藤田シェフの基本テクニック

ちょっとした基本をきちんとおさえておくと、おいしくなる・きれいに作れるポイントがあります。
レシピには入れられなかった道具選びや混ぜ方のテクニックを紹介します。

道具の使い方・選び方

ボウルと泡立て器の大きさを確認

ボウルの直径に対して、泡立て器の長さが同じサイズのものが使いやすい。ボウルのサイズに合わせて何種類か泡立て器を準備するとよい。

ボウルは水分と油分をチェック！

ボウルには水気はもちろん、油気もないように使う前にきちんと拭くこと。特に卵白を泡立てる時には、油がついているボウルだと泡立たないので注意する。

粉を合わせるのは、泡立て器で

複数の粉を混ぜ合わせる際は、一度ボウルに粉類を合わせて泡立て器で混ぜる。粉が全体にまんべんなく散るので、ふるうのも液体と混ぜるのもムラになりにくい。

めん棒は太いほうがおすすめ

めん棒は、ある程度太くて（写真は直径4.5cm）重さがあるほうが、生地をのばしやすい。行ったり来たりを何度も行わなくてものびるので、生地を傷めずに作業ができる。

包丁の使い方

右の持ち方で包丁を持つと、刃が水平になり、また薬指と小指が高さのガイドになるので、均等に水平に切ることができる。

1 中指に包丁をのせ、水平を保つ位置を探して中指と親指で挟む。

2 包丁の背に人差し指をあて、柄を包み込む。通常の包丁の持ち方よりも、刃に近い部分を握る。

絞り袋に口金をセットする方法

プロでも、絞り袋の先を切ってから口金を押し込んでいる人がいますが、下の方法だと簡単に、ぴったりと口金をセットできます。

1 絞り袋の先に口金をぎゅっと入れ、まわりの袋をねじって口金の中に押し込む。

2 口金にあった長さのところで、はさみでぐるりと一周刃を当てる。

3 絞り袋の先端を切り離し、押し込んだ袋を元に戻す。ちょうどよいところで口金がセットできる。

混ぜ方のテクニック

「すくうように」混ぜる

ゴムべらでの混ぜ方でよく出てくる表現です。泡立てた気泡を消さずに生地に混ぜ合わせたい時などに使います。左手でボウルを反時計回りに回すのもポイント。

1 時計の2時の位置からゴムべらをすっと入れる。ゴムべらの面が自分のほうに向いている。

2 ボウルの底をなでるようにして生地をすくい上げ、手のひらが見えるように動かす。

3 最初に向いていたゴムべらの面と反対の面が自分のほうに向く。これをくり返す。

「切るように」混ぜる

これは、シュー生地等で卵を加える時などに使います。油と水分は混ざりにくいですが、ただただ切るように動かすことで、生地に負担をかけずに混ぜることができます。

1 ゴムべらを立てて持ち、一方向に直線を描くように生地を切る。左手ではボウルを反時計回りに回す。最初は生地がなじまず、卵の上を生地が滑っていく。

2 だんだん切れた生地の粒が細かくなってくる。ここでもゴムべらを立てて、もっと粒が細かくなるまでひとつの方向に切るように動かす。

3 2を続けるとだんだん粒が消えて生地が混ざってくるので、ゴムべらを普通に持ち、ボウルの側面の生地もぬぐって混ぜる。

ハンドミキサーで混ぜる

本書ではハンドミキサーで混ぜる作業が多くありますが、私なりの使い方と気をつけるポイントを紹介します。

より安定する持ち方
持ち手の部分ではなく、本体自体をがっちり持つと、ぐらぐらせずに安定する。重たい生地を混ぜる時には特にこの持ち方がおすすめ。

スイッチを入れる前に
片栗粉やココアパウダー、粉糖など、軽い粉を使う時は、一気に撹拌すると粉が飛び散る。そういう時は羽根で全体を軽く混ぜ合わせてからスイッチを入れる。

ボウルの側面をぬぐう
ボウルの側面に生地が飛び散るので、必ず途中でゴムべらでぬぐい、それを生地に混ぜてから再度撹拌をする。

イタリア菓子の材料について

粉類

中力粉
たんぱく質含有量がイタリアの菓子用小麦粉「タイプ00」にもっとも近いことから、本書では主要小麦粉に中力粉を使用。強力粉と薄力粉を2：8で混ぜてもよい。

薄力粉
本書で薄力粉を使うのは、カスタードクリームのみ。強い粘りを出さず、軽いとろみをつけるには、グルテンのもっとも少ない薄力粉が向いている。

イタリアの小麦粉
イタリアでは軟質小麦（グラーノ・テーネロ）と硬質小麦（グラーノ・ドゥーロ）のふたつに代表され、前者は菓子、ピッツァ、パンに、後者はおもにパスタやパンに使われる。軟質小麦の粉は、小麦粒の精白度の違いで5種類に分かれ、もっとも精白度を高めた「タイプ00」を菓子作りに使う。最近はイタリアの製品が多数日本に輸入されているので、本書材料欄の中力粉を、「タイプ00」の小麦粉に替えてもよい。強力粉は2番目の精白度の「タイプ0」に置き換えられる。

強力粉
本書では、パンのひとつであるスキアッチャータと、タルト生地などの打ち粉に使用。粒子が粗くサラサラとしているので、ベタつきを抑え、簡単に払うこともできる。

片栗粉
イタリアでは小麦粉ベースの生地を作る際に、片栗粉を小麦粉に混ぜたり単独で使ったりすることが多い。口どけがよく軽やかな食感になり、ひび割れも少ない。

とうもろこし粉
（ポレンタ粉）

おもに料理のポレンタに使う、とうもろこしの実を粉砕した粒。写真は粗挽きで、細挽きもある。コーンフラワーのようなパウダーは細かすぎて菓子には向かない。

アーモンドパウダー
スイートアーモンドをパウダー状に挽いた粉。アーモンド風味が多いイタリア菓子では使う頻度が高い。ダマができやすいので、小麦粉と同様に必ずふるう。

ココアパウダー
仕上げにふりかけるほか、チョコレート風味に仕立てる材料として使う。水分を素早く吸収してダマができやすいのでふるいにかけ、混ぜる時は少量ずつ加える。

モルトパウダー
パン作りに使う粉末の麦芽。イーストの発酵を助け、生地ののびをよくしたり、きれいな焼き色をつけたりする効果がある。本書ではスキアッチャータで使用。

ベーキングパウダー
手軽に使える膨張剤で、家庭で手作りするにはおすすめ。「ラトリエ モトゾー」では、より膨張力が強くサクサクとした食感になる炭酸水素アンモニウムを使用。

糖類

グラニュー糖
イタリア菓子はグラニュー糖が基本。「ラトリエ モトゾー」で使っているのは粒子の細かい製品で、生地に溶けやすく使い勝手がよい。

粉糖
菓子の仕上げにふるほか、生地材料としてグラニュー糖の代わりにも使う。分離しにくく、キメの細かいしっとりした生地ができる。

きび砂糖
砂糖きびの糖液を煮詰めて作る砂糖。ミネラルが多く、コクがあり、コーヒーとの相性がよいので、本書ではグラニータで使用。

はちみつ
イタリアの養蜂の歴史は古く、伝統的な菓子に使われることが多い。れんげ、アカシアなど、やさしい風味のものが使いやすい。

油脂

バター
バターの風味は菓子の出来栄えに直結するので、味と香りの豊かなものを。発酵バターはバターの風味をとくに際立たせたい時に。

マーガリン
イタリア菓子では、バターより香りが控えめな点を利用して油脂にマーガリンを使うことも多い。本書ではマルゲリティーネで使用。

ラード
豚の背脂を精製したラードは伝統的に使われている油脂。本書のズブリゾローナのように粉生地に混ぜるほか、揚げ油にする使い方も。

卵

どの菓子も新鮮な卵を使うことが大事。火入れの浅いティラミスや、卵白の質が出来上がりを左右するパンナコッタではとりわけ重要。

バターを柔らかくする方法
バターを他の材料と混ぜて使う場合、混ざりやすくするために事前に柔らかくしておく。前夜に冷蔵庫から出して室温（30℃以下）におくか、適宜に切り、電子レンジに10秒単位でかけて状態を見ながら柔らかくしていく。

卵を室温にもどすには
冷蔵庫から出して室温に数時間〜半日おき、20℃前後で使う。卵黄、また卵白のみで使う場合も、全卵で室温にもどしておく。

乳製品

牛乳
「ラトリエ モトゾー」で使う牛乳は、成分無調整、乳脂肪分3.6％の製品。乳脂肪分はとくに高い必要はなく、3％強で充分。使う直前まで冷蔵庫で保管しておく。

生クリーム
日本には乳脂肪分40％台の製品も多いが、イタリアでは30％台が一般的。菓子を作る場合も35％前後が使いやすい。開封後は早く使いきる。

マスカルポーネ
生クリームを主原料に、酸でクリーム状に固めたチーズの一種。乳脂肪分が80％前後と非常に高く、濃厚でコクが強い。ほとんどがティラミスに使われる。

リコッタ
チーズを作った後に残るホエーを再度加熱し、寄せ豆腐状に柔らかく固めたチーズ。イタリア菓子で使うチーズはリコッタが多く、牛乳製も羊乳製も使われる。

チョコレート類

スイートチョコレート
本書では、カカオ分56%を使用。カレット状は溶かしやすく、デコレーションにも使えて便利。板チョコの場合は包丁で削って使う。

ビターチョコレート
カカオ分の配合は製品ごとにさまざまで、本書では少量の糖分を含む70%のものを使用。板チョコの場合は包丁で削って使う。

チョコチップ
写真は小粒サイズのチョコレートチップ。ココアバターの含有量が少なく、焼き菓子の生地に混ぜても溶けずに形状が残る。

パータ・グラッセ
カカオマスからカカオバターを除き、砂糖などを加えたチョコレート。つやがあってのびがよく、溶かすだけでコーティングができる。

カラースプレー
カラフルに色づけされた、顆粒状のデコレーション用チョコレート。イタリアでは使用頻度の高いトッピング材料。

ナッツ

スペイン産

アメリカ産

アーモンド
アメリカ産、スペイン産、イタリア産などが輸入されており、「ラトリエ モトゾー」では菓子によって使い分けている。皮をむいたものより、皮付きのホールを使うほうが風味は豊か。

ヘーゼルナッツ
イタリア菓子ではアーモンドとともに多用されるナッツで、本書ではカラメルナッツに使用。皮は取ることが多いので皮なしのホールが使いやすい。

くるみ
くるみもイタリア菓子には欠かせない。本書ではカラメルナッツとスキアッチャータで使用。香ばしさとコクを与えてくれる重要な脇役。

ピスタチオ
イタリアは良質なピスタチオの産地で、菓子にも多用する。写真はシチリア州産で、本書ではカラメルナッツに使用。皮なしのホールが使いやすい。

加工フルーツ

サルタナレーズン **マスカットレーズン**

レーズン
乾燥させて甘みを凝縮した干しぶどう。ドライフルーツの代表で、イタリア菓子でも頻繁に使う。本書では写真の2種類を使用。左のサルタナ（アメリカ産）はやや小粒で甘みの強いもっともよく使われている品種。右のマスカット（オーストラリア産）は色が淡く、フルーティーな香りとジューシーな味わいが特徴。

フルーツの砂糖漬け
オレンジピールに代表されるフルーツのシロップ煮。本書では小さく刻んだミックス品（オレンジ、レモン、シトロン、アマレーナ、かぼちゃ）を使用。

アマレーナ
イタリアを代表する大粒のさくらんぼうで、英語ではワイルドチェリー。シロップで柔らかく煮たコンポート状の市販品がある。

調味料・香料

バニラビーンズペースト
バニラの種子入りのシロップ状の加工品。エッセンスやオイルよりも自然なバニラ香が出る。品薄になり高騰中のバニラスティックの代わりに重宝する。カスタードクリームで使用。

ビターアーモンドエッセンス
苦みのあるビターアーモンドの香りをつけるための香料。日本では生のビターアーモンドが入手しにくいため、このエッセンスで風味づけする。本書ではアマレッティに使用。

バニラパウダー
イタリアでは粉末のバニラパウダーで香りをつけるのが一般的。1回単位で使える小袋入り。バニラパウダー入り粉糖やベーキングパウダーもある。

イタリアの香料
イタリアのお菓子用香料は種類が豊富で、パッケージもおしゃれ。アーモンド、オレンジ、オレンジの花、レモン、バニラなどが人気の香り。

酒類

RUM ラム
砂糖きびが原料の蒸留酒。どんな食材とも相性がよく、用途が広い。菓子には熟成が長く濃厚な風味のダークラムが効果的。写真は西インド諸島で蒸留、フランスでブレンド・熟成した製品。

AMARETTO アマレット
イタリア・ロンバルディア州産のアーモンド風味のリキュール。写真はアーモンド風味の焼き菓子アマレッティをスピリッツに浸け込み、風味をつけた製品。

MARSALA マルサーラ
イタリア・シチリア州のマルサーラで造られ、イタリア全土で菓子や料理に幅広く使われる。ポルトやシェリーと同じ酒精強化ワインで、写真はオーク樽で2年以上熟成させた甘口タイプ。

STREGA ストレーガ
イタリア・カンパーニア州のストレーガ社が造る鮮やかな黄色のリキュール。バニラやサフランなど数十種類のハーブ、スパイスで風味をつけている。本書ではアモール・ポレンタで使用。

そのほか

SAMBUCA サンブーカ
サンブーカはローマのあるラツィオ州で造られるアニス系リキュール。写真はアニスシード、リコリスなどをスピリッツに浸けて香りづけした製品。コーヒー豆とともに飲むことでも有名。

MARASCHINO マラスキーノ
イタリア北東部〜スロヴェニアが産地のリキュールで、さくらんぼのマラスカ種が原料。優雅さのある風味をもち、菓子にもよく使われる。本書ではシロップの風味づけに使用。

板ゼラチン
豚皮が原料のドイツ製板ゼラチン。冷水に数分浸して柔らかくもどして使う。ゼリーやクリーム類の凝固剤として使うが、本書ではティラミスのマスカルポーネベースのクリームに使用。

ナパージュ
ケーキ類に塗ってつやを出し、乾燥から守る上がけジャム。写真は加水・加熱するアプリコットタイプで、ほかにそのまま塗る非加水・非加熱タイプもある。

藤田統三（ふじた・もとぞう）

1970年大阪生まれ。フランス菓子専門店にてフランス菓子を学んだ後、ジェラートを極めるべくハーゲンダッツジャパン（株）に入社し、メニュー開発に携わる。97年イタリアンレストランにてイタリア人パティスリーシェフのもとで働いたことをきっかけに、イタリア菓子に魅せられる。99年に渡伊、ロンバルディア州ヴァレーゼ近郊のパスティッチェリーアで修業。帰国後は大阪のイタリア菓子店のシェフに就き、その間再度渡伊し、チョコレート専門店で修業。2005年東京・表参道の「ソルレヴァンテ」の立ち上げから参加、取締役統括シェフを務めたのち、16年夏、東京・池尻大橋に「ラトリエ モトゾー」を開店。イタリア菓子の歴史や古いレシピの研究などにも注力し、専門学校や大学などで指導も行う。

---

staff

撮影／日置武晴（カバー、p.2～5、10～42、44～65、
　　　　70～82、84～95、102～111、116～125、126～127一部、128）
　　　野口健志（p.66～69、96～100、112～115、126～127一部）
スタイリング／岡田万喜代
アートディレクション／大薮胤美（フレーズ）
デザイン／尾崎利佳（フレーズ）
取材・文／河合寛子
校正／株式会社円水社
編集／小栗亜希子

器協力

Verre（ヴェール）
〒150-0022
東京都渋谷区恵比寿南3-3-12
AGIO－Ⅰビル1F
03-5721-8013

おうちで作れる専門店の味
「ラトリエ モトゾー」シェフの
やさしく教える
イタリア菓子のきほん

発行日　2017年10月25日　初版第1刷発行

著　者　　藤田統三
発行者　　井澤豊一郎
発　行　　株式会社世界文化社
　　　　　〒102-8187　東京都千代田区九段北4-2-29
　　　　　03-3262-5118（編集部）
　　　　　03-3262-5115（販売部）
印刷・製本　共同印刷株式会社
DTP製作　　株式会社明昌堂

©Motozo Fujita, 2017. Printed in Japan
ISBN978-4-418-17338-9
無断転載・複写を禁じます。
定価はカバーに表示してあります。
落丁・乱丁のある場合はお取り替えいたします。